中国共产党已走过百年奋斗征程。我们党立志于中华民族千秋伟业，致力于人类和平与发展崇高事业，责任无比重大，使命无上光荣。全党同志务必不忘初心、牢记使命，务必谦虚谨慎、艰苦奋斗，务必敢于斗争、善于斗争，坚定历史自信，增强历史主动，谱写新时代中国特色社会主义更加绚丽的华章。

——摘自《习近平总书记在中国共产党第二十次全国代表大会上的报告》

五个不能丢

WU GE
BU NENG DIU

黄学禄 ◎ 著

线装書局

图书在版编目（CIP）数据

五个不能丢 / 黄学禄著. -- 北京 ：线装书局，
2024.6
ISBN 978-7-5120-5794-4

Ⅰ．①五… Ⅱ．①黄… Ⅲ．①中国特色社会主义－理
论研究－学习参考资料 Ⅳ．①D616

中国国家版本馆CIP数据核字(2023)第240492号

五个不能丢

作　　者：黄学禄
责任编辑：张　倩　郭逸凡
出版发行：**线装書局**
　　　　　地　　址：北京市丰台区方庄日月天地大厦Ｂ座17层（100078）
　　　　　电　　话：010-58077126（发行部）　010-58076938（总编室）
　　　　　网　　址：www.zgxzsj.com
经　　销：新华书店
印　　制：山东新华印务有限公司
开　　本：787mm×1092mm　1/16
印　　张：9.5
字　　数：100千字
版　　次：2024年6月第1版第1次印刷
印　　数：0001—5000册

线装书局官方微信

定　　价：28.00元

·前言·

　　中华民族是一个有五千年悠久历史的古老民族，是一个自强不息、百折不弯、有血性的民族。他如一只雄鹰翱翔在天空，如一条巨龙翻腾在大海，如一头雄狮伏卧在世界的东方。

　　中华民族为世界文明创造了众多奇迹，作出了巨大贡献，其辉煌让中国人自豪，也让世界钦慕、万国景仰。

　　中华民族在远古时期就有盘古开天、女娲造人、后羿射日、精卫填海、嫦娥奔月的传说；有钻木取火、嫘祖养蚕、神农氏尝百草药、大禹治水、尧舜禅让的记载。

　　中华民族早在距今七千至五千年前的母系氏族社会就已种植水稻和粟。

　　中华民族在距今五千年的父系氏族社会，就有养蚕和纺织的技术。

　　中国的文字使用流传时间最长。汉字产生于原始社会末期至奴隶社会初期，商朝的甲骨文已经成为比较成熟的文字。

　　中国的日食和月食记录是世界上最早的记录。

　　中国使用耕犁翻地比欧洲早一千多年。

　　中国发明的地动仪，可遥测千里以外的地震发生方向，比欧洲地动仪早一千七百多年。

中国的造纸术、印刷术、指南针、火药这四大发明都早于西方世界。

中国汉朝的张骞两次出使西域，明朝的郑和七下西洋打开通往东西方的文化交流和贸易通道。

中国有夏、商、周、秦、汉、魏、晋、南北朝、隋、唐、五代、宋、元、明、清十五个主要朝代的延续。

中国是一个人才辈出的国家，出现过众多的文化名人、文臣武将和英雄豪杰。

中华民族在漫长的历史长河中，出现过成康之治、文景之治、贞观之治、开元盛世、康乾盛世等四夷宾服、万邦来朝、天下共主的鼎盛时期，可谓波澜壮阔、精彩纷呈、独领风骚，长期走在世界的前列。

巍巍昆仑，悠悠万世。历史，往往需要世事的更迭和时间的冲刷才能看得清楚。放眼中华民族五千年历史，曾有过多次改朝换代，既有流芳千载的辉煌，也有跌入黑暗的低谷，是呈螺旋式发展前进的。

历史迈入近代，由于封建统治者故步自封、闭关锁国、吏治腐败，中国逐渐落后于时代。

自 1840 年鸦片战争开始，西方列强用坚船利炮轰开了中国的大门，迫使清政府签订了许多不平等条约。英法联军入侵北京，火烧圆明园；中日甲午战争，北洋水师全军覆没；八国联军入侵北京。国家山河破碎，千疮百孔，中华民族陷入苦难深渊之中。四万万人齐下泪，天涯何处是神州。国家要独立，人民要解放，民族要复兴，成为那个时代最深沉的呐喊。

汹涌澎湃的历史进程从哪里开启？力挽狂澜的时代先锋从哪里出场？在中华民族面临何去何从的重大历史关头，中国共产党横空出世，登上历史舞台，犹如一道划破沉沉夜霾的凌厉闪电，预示着一个伟大的民族涅槃重生，源远流长的泱泱古国开启了历史新纪元。

革命是历史的火车头，是推动社会剧烈变动的根本力量。为了民族独立、人民解放，中国共产党领导人民以"敢教日月换新天"的英雄气概，经过 28 年轰轰烈烈伟大斗争，在千回百转中寻找出路，在千难万险中奋勇前进，在千锤百炼中不断成长，付出了巨大的代价，经历了难以想象的磨难，做出了世所罕见的牺牲。这一"世界革命历史的伟大奇观"，其程度之剧烈，使命之光荣，影响之深远，在人类社会发展史上都是绝无仅有的。今天，我们回望这段荡气回肠、感天动地的壮阔史诗，不禁感慨万千、壮怀激烈。

一唱雄鸡天下白。中国共产党领导全国各族人民推翻了压在中国人民头上的三座大山，建立了人民当家作主的崭新国家。中国人民站起来了，从沉睡中苏醒的东方大国重新抖擞。新中国、新纪元之新，不仅在于国号之新，起点之新，更在于山河之新，气象之新。中国人民站起来了，不仅是脊梁挺起来了，腰杆硬起来了，更是精神立起来了，力量强起来了。

正如习近平总书记 2014 年 4 月 1 日在比利时布鲁日欧洲学院演讲时所指出的：观察和认识中国，历史和现实都要看，物质和精神都要看。中华民族五千多年文明史，中国人民近代以来一百七十多年斗争史，中国共产党九十多年奋斗史，中华人民共和国六十多年发展史，改革开放三十多年探索史，这些历史一脉相承，不可割裂。脱离了中国的历史，脱离了中国的文化，脱离了中国人的精神世界，脱离了当代中国的深刻变革，是难以正确认识中国的。

中华民族要前进、要发展、要强盛、要立于不败之地，不仅要正确认识中国历史的变革，还要认真吸取苏联亡党亡国的沉痛教训。更要立足世情、国情，把握方向，扭住根本，居安思危，处变不惊。

今日之中华，神州崛起，国力强大，山河锦绣，国泰民安，处处生机勃勃，安乐祥和，呈现出四海升平、万象更新的景象，但是还要看到，在新的征程上，还有艰难险阻，还有刀山火海，切不可掉以轻心。为了确保中华民族复兴大业实现，红色江山不改变颜色，先辈们打下的江山、创造的业绩能够赓续、发展，中华儿女必须高举中国特色社会主义伟大旗帜，遵照党的二十大绘制的以中国式现代化全面推进中华民族伟大复兴的宏伟蓝图，全面贯彻习近平新时代中国特色社会主义思想，弘扬伟大建党精神，自信自强、守正创新，踔厉奋发、勇毅前行。

作者撰写的"五个不能丢"，即：信仰的旗帜不能丢、民族精神不能丢、社会主义公有制不能丢、看家本领不能丢（思想政治工作不能丢）、毛泽东思想不能丢。其夙愿有四：其一，"五个不能丢"是中国共产党百年奋斗成功、克敌制胜的宝贵经验；其二，"五个不能丢"是确保党永远不变质、不变色、不变味，永远立于不败之地的根本保证；其三，"五个不能丢"是贯彻落实党的二十大精神,深刻领悟"两个确立"的决定性意义,不断增强"四个意识",坚定"四个自信",做到"两个维护"的基本要求;其四,"五个不能丢"是清除一些领域、一些群体信仰缺失、民族精神丧失、看家本领和毛泽东思想丢失危险的思想武器。"五个不能丢"是不可分割的有机整体,是我们党永葆生机活力、克敌制胜的密码,是中国特有的本色,是走好新征程赶考之路、实现中华民族伟大复兴的最大底气。

正如习近平总书记指出的:"越是长期执政,越不能丢掉马克思主义的本色,越不能忘记党的初心使命,越不能丧失自我革命精神。"

目录

信仰的旗帜不能丢

信仰的旗帜不能丢

中国共产党靠什么打天下？靠什么同敌人进行殊死的斗争？靠什么夺取政权并取得如今辉煌成就？靠的是两个字："信仰"。

信仰是什么？

信仰是人们信服和尊崇的某种理论、思想、主义、学说，并用以作为自己的行动指南。

《说文解字》认为："信，诚也，从人从言。""仰，举也。从人，从卬。"意思是把某一对象看作为高高在上的神明。《大英百科全书》关于信仰的定义为："指在无充分的理智认识足以保证一个命题为真实的情况下，就对它予以接受或同意的一种心理状态。"中国《新编哲学大辞典》则认为，信仰是指人们对某种理论、学说、原则、主张、宗教的信服和崇拜。

从根本上讲，信仰是人们对某种体现着最高生活价值对象的坚定不移地信赖和始终不渝地追求，其本质是人的一种自我超越。

信仰作为人类精神世界的最高意识形态，是人安身立命的精神寄托之本，一个人如果没有理想信仰，就成了没有灵魂的躯壳。美国诗人惠特曼说："没有信仰，则没有名副其实的品行和生命。"恩格斯说："中世纪的强烈信仰无疑地赋予了这整个时代以巨大的力量，虽然这种力量处于不自觉的萌芽状态。"德国诗人歌德也曾说："所有信仰占统治地位的时代，对当代人和后代人都是光辉灿烂、意气风发和硕果累累。"历史证实并预示着：信仰的动摇，往往引起整个精神生活的震颤；信仰的倾倒，往往导致整个精神世界的坍塌。

对一个政党、一个民族、一个国家来说，信仰是维系的纽带，是前进的指南，是团结的基础。一个政党、一个民族，如果没有理想信仰，就如同一盘散沙，没有凝聚力，就会迷失奋斗的目标和前进的方向。

对一个人来说，信仰是人生的精神支柱、精神寄托和精神归宿，也是奋斗目标和行动指南，如果没有正确的信仰，就会走入歧途。

任何一个国家和民族都有自己的信仰。宗教信仰、道德信仰、政治信仰、哲学信仰以及法律信仰等。中国共产党人的根本政治信仰是什么呢？是信仰马克思主义。

为什么要信仰马克思主义？因为马克思主义是一种精神武器，是科学方法，是人类社会发展规律最科学、最完整、最富有生命力的思想体系。它描绘了人类社会的美好蓝图，那就是社会主义、共产主义社会。

马克思是犹太人，就是今天的以色列人。

说起以色列，则是一个内部和外部都充满矛盾的国家。其公民来自70多个国家，但虔诚的宗教信仰使以色列人的精神高度统一。以色列人口中四分之三是犹太人，犹太文化对"一个神（雅赫维）""一本书（圣经）""一种信仰（犹太教）"的忠诚，最终孕育成"四海一家"的"犹太一体观"。

犹太人中出了三个思想大师，马克思是科学社会主义思想大师，耶稣是基督教思想大师，还有一个精神心理学大师弗洛伊德。

马克思花了40年的时间研究写出《资本论》，探索资本主义发展规律。1848年2月，马克思、恩格斯撰写的《共产党宣言》在伦敦问世，这本书成为共产党人建立共产主义信仰的起点。

马克思理想的社会是什么样子呢？归纳起来有这样几条：一是这个社会生产力高度发展，物质生活极大丰富；二是这个社会的成员有极高的思想觉悟和精神境界；三是这个社会没有压迫，没有剥削，大家地位平等，社会分配公平，也就是各尽所能，按需分配，每个成员都享有个性自由，是一个共同富裕的社会。实现这样一个目标，需要消灭三大差别，即：消灭城乡差别，消灭工农差别，消灭脑力劳动和体力劳动差别。

共产主义是人类历史发展的必然，是历史客观规律的体现，

反映了马克思创立的唯物史观，成为人类解开历史发展之谜的一把钥匙。

共产主义是人类最高的社会理想和奋斗目标，是一场现实的运动。中国共产党人正是按照马克思主义勾画的蓝图，一步一步向前迈进。我们的政治建设、经济建设、文化建设、国防建设、社会制度建设等等，都是在朝着这个目标前进。当然，实现共产主义是一个长期的实践过程，这样一个美好的社会是共产党人所向往、人民所期待的，需要一代又一代人的不懈努力。新中国成立 70 多年来我们所取得的非凡成就充分说明，我们向美好社会迈进了一大步。

习近平总书记指出："不能认为共产主义虚无缥缈，我们发展中国特色社会主义就是要朝着共产主义方向努力。理论可信、信仰可信、现实可信，这是我们笃信共产主义的原因。共产主义能否实现，关键取决于我们怎么做，我们已经在共产主义的大道上迈开了步子，取得了辉煌成就。"

指导中国共产党百年奋斗光辉历程背后的奥秘是信仰。

共产党人是靠"信仰"二字起家的。

1920 年 8 月，第一部《共产党宣言》中文全译本在上海出版。

正是这本只有 28000 多个汉字的小册子，成为中国共产党人建立信仰的思想起点。

1936 年，毛泽东在陕北的窑洞里同美国记者斯诺谈话时回忆说，正是在 1920 年读了《共产党宣言》《阶级斗争》《社会主义》这三本书以后，他开始树立起马克思主义的信仰。

1992 年，邓小平在南方谈话中深情地回忆说：我们的入门老师是《共产党宣言》和《共产主义 ABC》。他还说：马克思主义是我们的"老祖宗"，"老祖宗"不能丢。

中国共产党是用马克思主义科学理论武装起来的先进政党，坚定马克思主义信仰是共产党人的政治追求。

之所以要坚定马克思主义信仰，因为它是我们不断发展壮大的重要力量源泉。它不仅对人的思想具有引领功能，而且对人的行为取向具有推动作用。崇高的理想信仰，就像夜行的灯塔、指路的旗帜，引导着我们不断走向胜利和光明。

中国共产党如此重视政党的信仰，既是对政党本质的深刻认识，更是对工人阶级先锋队性质的理解把握。信仰来不得半点含糊，来不得半点虚伪。如果以信仰之名而放弃信仰之实，虽然会有暂时的蝇头小利，但最终会导致政党大厦的坍塌，这在世界一些政党实践中是有血的教训的。

信仰是一面旗帜，无需遮遮掩掩；信仰靠真诚赢得尊重，靠坚定赢得现实。

毛泽东说的"主义譬如一面旗帜"，就是讲信仰的。只有旗帜竖起来了，才会应者云集，知道向哪里去靠拢。

中国共产党人实践信仰的奋斗脚步，经历了革命、建设和改革开放三个大的历史时期。一个世纪过去了，曾经令人心潮澎湃的信仰故事，曾经光芒闪耀的信仰真谛，曾经用鲜血和生

命镌刻的信仰丰碑，将成为我们矢志不移坚守的精神家园，让我们沿着信仰的足迹，追寻信仰永恒的魅力，续写守住信仰高地的新篇章。

黑格尔说："国家建立在思想之上。"他所说的思想，就是信仰或意识形态。信仰什么时候丧失，丧钟什么时候敲响。一个人如此，一个国家也如此，这一点我们可以看罗马帝国史。信仰往往如心中明灯，于危境中加倍明亮，凝神聚力；而当一个组织（民族）到达胜利和成功的高处，初心与信仰又往往会成为风中之灯，随时可能被熄灭。

公元前二世纪，古罗马帝国虽已成为横跨欧亚非三大洲的超级帝国，但支撑它无敌于天下的"爱国、无私"的信仰支柱，却随着帝国的奠定、巨额财富的涌入及外部观念的融入而逐渐被侵蚀。自亚细亚战争起，第一次把青铜卧床、贵重床罩、地毯以及其他亚麻织物输入罗马，在宴会上出现了弹竖琴的歌女，有了帮助主人休闲的娱乐方式，宴会开始用很大的费用来布置。

在世界"条条大路通罗马"的时候，罗马民族内部竟无一条小路通往人们内心，致使曾经质朴、高尚的时代精神沉沦了。

当权者的腐败行为成为民众仿效的负面样板。成功之后的罗马失去了更大的追求目标，迷失在物欲之中。贪图享乐之风弥漫朝野，与此相伴的是普遍性贪污贿赂，原有的政治道德体系轰然崩塌。罗马原有的民主传统逐步丢失，取而代之的是，追求官职的人坐在广场上，面前的桌子上放着钱，用它无耻地收买民众。内部腐败已腐蚀着一个长期优越的民族的生命力。这样的国家岂能不亡？

中国国民党为何败给了中国共产党？因为它失去了信仰，只把三民主义当作经念，而不是作为事业来追求，站在反人民的立场上，与人民为敌，与正义为敌，必然失去一切。

1947年6月1日，蒋介石在南京向他的高级将领作重要讲话，题目是"国军将领的耻辱和自我反省"，他对一年的所谓"剿匪"进行检讨时说："比较敌我的实力，无论从哪一方面而言，我们都占绝对的优势，失败的原因何在？只有一个原因，那就是信仰危机。"他还说："国民党军士气衰落，很大程度上反映在广大官兵信念发生动摇，对战争前途丧失信心。""我们大多数高级将领精神堕落，生活腐化，革命信心根本动摇，责任观念完全消失。"这是蒋介石道出失败真相的一次讲话。

习近平总书记指出："一个政权的瓦解往往是从思想领域开始的，政治动荡、政权更迭可能在一夜之间发生，但思想演化是个长期过程。思想防线被攻破了，其他防线就很难守住。"这既是对历史经验的总结，也是对现实的严肃提醒。

共产党人在信仰问题上，是坚守还是动摇，从来就是一块试金石，在困难和挫折面前动摇乃至背叛信仰，实质上就是出卖灵魂，走向革命的反面。

中国共产党成功的历史是一部坚守信仰史，在共产党的史册上，处处闪耀着坚守革命信仰的光辉。

信仰——谱写出荡气回肠的史诗

回顾中国共产党的百年光辉历程，无数共产党人为了实践自己的信仰，抛头颅、洒热血，前仆后继，忠贞不贰。他们在生死关头表现出的凛然正气和高尚情操永载史册，成为中华民族的骄傲。

在国家博物馆"复兴之路"展览上，当年的那具铁制的绞刑架赫然在目——"人道的警钟响了！自由的曙光现了！试看将来的环球，必是赤旗的世界！"这是党的创始人李大钊的呼喊和预言，是他对马克思主义坚定信仰的写照。

"冲决历史之桎梏，涤荡历史之积秽，新造民族之生命，挽回民族之青春！"这是李大钊在 1916 年《新青年》上宣示的一个民族的梦想。

迈步走向梦想的路，是何等的蜿蜒曲折，到处荆棘丛生、浸满鲜血，但共产党的先烈们无所畏惧。

1926 年"三·一八"惨案后，李大钊被视为北方"头号赤敌"，遭反动当局严令通缉。1927年初，当北京的政治环境十分险恶的时候，党组织希望李大钊离开北京到武汉等地去，他选择了坚守，仍在北京负责中央北方区委的工作，直到被北洋政府逮捕。

1927年4月28日，李大钊临刑前，监刑官问他：对家人有什么话要说。李大钊镇定地说："我是崇信共产主义者，知有主义，不知有家，为主义而死分也，何函为？"说完高呼："为主义而牺牲！"他用生命捍卫主义，英勇就义，从容赴死，时年38岁。

6年后的清明时节，李大钊的灵柩由北大师生送往北京西郊万安公墓下葬。虽有宪兵向送葬队伍开枪，但各界自发参祭者仍越聚越多。西长安街上，花圈挽联连绵一公里。行至墓地，早有人载墓碑一块敬上，只见碑顶刻有一颗红色的五角星，内刻镰刀、斧头、铭文连同烈士的名字……

先烈，百年来中国共产党英勇就义的先烈，是一群什么样的人呢？他们是慈母，是严父，是恩爱的夫妻，是孝顺的儿女，是柔情万般的普通人。

他们是工人、是农民、是教师、是留学生，是家境殷实的仁人志士，是旧社会的叛逆者，是新时代的急先锋。

"砍头不要紧，只要主义真。杀了夏明翰，还有后来人。"这首气壮山河的诗，是革命烈士夏明翰在刑场写就的。

湖南衡阳礼梓山豪绅夏家一门四英烈，个个主义真。就在夏明翰牺牲的第二天，时任中共柳州中心县委书记的老五夏明震，在柳州反革

命暴乱中英勇牺牲，年仅 21 岁。老七夏明霹是衡阳游击斗争的领导人，被反革命武装逮捕，英勇牺牲，时年 20 岁。老四夏明衡，湖南妇女运动领导人，遭反革命武装逮捕，从容就义，年仅 26 岁。夏明翰的外甥邬依庄继承先辈遗志，1930 年参加红军，任指导员，在战斗中不幸中弹牺牲，年仅 19 岁。

夏家一门英烈用热血谱写的革命战歌，激励了无数后来人。

被称为"农民运动大王"的彭湃，出生在一个大地主家庭。家中拥有 1500 名佃户，每年收入千余担，平均 50 个佃户养活一个彭家成员。可以想象，彭湃从小过的是多么富裕优越的日子。

而这个富家子弟关注的是国家民族的存亡，而不是自家的万贯家产。他宣称"我即贫民""我即制度的叛逆者"。1917 年，祖父同意 21 岁的彭湃去日本留学，并在他身上寄托了"谋官爵、耀门楣"的厚望。然而，在彭湃炽热的内心里洋溢着另外的一种热情。他在日本早稻田大学图书馆里读到《共产党宣言》这本书后激动不已，感觉自己触摸到了救国救民真正的良方。1921 年彭湃学成回国，决定信仰马克思主义，"革"自己家族的命。他当着一万多农民的面，将一箱子田契铺约一张张烧毁，并宣布"日后自耕自食，不必再交租谷"。

1927 年 11 月，由彭湃领导的农民武装暴动，缔造了第一个县级红色政权——海丰县苏维埃政府。

大革命失败以后，彭湃赶赴南昌，参加了以周恩来为书记的前敌委员会，参与领导南昌起义。在党的八七会议上，他当选中共中央临时政治局委员，后兼任中共中央南方局委员。

1928 年 11 月，彭湃当选政治局委员，奉命赴上海，任中共中央农委书记。后任中共江苏省委军委书记，中共中央军委委员，中共江苏省委常委。

1929年8月24日，彭湃因叛徒出卖被捕，被关押在上海龙华监狱。面对死亡威胁，他说："只要我还有一口气，我就要为共产主义事业奋斗到底。"他坚定地表示："不久的将来，一定能够推翻反动统治，建立全国的苏维埃政权。""为我们的子孙和后代争得幸福的生活，献出自己的生命在所不惜。"

1929年8月30日，时年33岁的彭湃在高唱《国际歌》、呼喊"打倒帝国主义""中国共产党万岁"口号中壮烈牺牲。

上海龙华监狱，原是北洋军阀政府建造用来关押犯人的地方，在蒋介石发动"四一二"反革命政变后，这里成了国民党反动派关押和屠杀共产党人和革命者的地方。从1927年至1937年，在龙华监狱殉难的革命者难以计数，其中有据可查的中共早期重要领导人和著名人士有近50人，包括彭湃、罗亦农和陈独秀的两个儿子陈延年、陈乔年，以及柔石、殷夫、冯铿等左联作家。他们牺牲前，受尽酷刑折磨，或被许诺高官厚禄，敌人的目的只有一个：让其背叛中国共产党。但他们都毅然选择用生命来捍卫自己的信仰，而龙华监狱只是土地革命时期关押杀害革命志士场所中的一个。

人的生命只有一次，为什么先烈们能够视死如归、义无反顾？因为他们是顶天立地的人，信仰就是引领他们前进的天，人民就是支撑他们奋斗的地。

1935年1月，红十军团政委方志敏，奉命率红军北上抗日，在皖南被国民党军重重围困在怀玉山区。他带领先头部队奋战脱险，但为了接应后续部队，冒着危险，复入重围，寻找部队，终因寡不敌众，弹尽粮绝被俘。

在狱中，面对敌人的酷刑和诱降，方志敏的回答是："抛弃自己原来的信仰，撕毁自己从前的斗争历史……去出卖可爱的中国，去残杀无辜的工农，那还算是人么？是猪狗畜生不如的东西。敌人只能砍下我的头颅，决不能动摇我们的信仰！因为我们信仰的是主义，乃是宇宙的真理！为着共产主义牺牲，为着苏维埃流血，那是我们十分情愿的啊！"他大义凛然、坚贞不屈，宁为玉碎、不为瓦全，为革命而死，虽死犹荣！方志敏用自己的心血写下了《可爱的中国》《清贫》《狱中纪实》等震撼人心、感人肺腑的篇章，给后人留下了一笔宝贵的精神财富。

人最宝贵的是生命。中国共产党人为了践行初心使命，甘愿牺牲一切，包括自己的生命。有实物可查，最早的党员入党誓词仅有 24 个字，开头就是"牺牲个人"，中国共产党人是无我的，随时准备着牺牲。

革命年代，多少先辈为了民族和人民的解放事业，前赴后继，舍生取义。陈延年"革命者光明磊落，视死如归，只有站着死，绝不跪下"。瞿秋白"此地正好，开枪吧"，赵一曼"未惜头颅新故国，甘将热血沃中华"。

在党内被尊为"五老"之一的何叔衡用视死如归的凛然正

气诠释了信仰的力量，可谓铁骨铮铮壮烈死，不朽英名驻乾坤。何叔衡是湖南宁乡人，1921 年 7 月出席中国共产党第一次全国代表大会，成为中国共产党的创始人之一。1931 年 11 月进入中央苏区，当选为中华苏维埃共和国中央执行委员会委员，担任临时中央政府工农检察部部长、内务人民委员部代部长、临时法庭主席等职。1934 年 10 月中央红军主力长征时，何叔衡奉命留在苏区坚持游击战争。1935 年 2 月 24 日，何叔衡从江西转移福建途中被敌人发现，为了不拖累其他同志，他临难不苟，纵身跳下山崖，用血肉之躯实践了生前"为苏维埃流尽最后一滴血"的誓言。

1949 年 11 月 27 日，就在新中国刚刚成立近两个月之时，重庆解放，可江竹筠（江姐）等 207 名同志却在重庆渣滓洞白公馆惨遭杀害。这些烈士中有 70% 以上出身富裕家庭，有的还是从海外留学归来的，却坚定地选择信仰马克思主义，选择献身共产主义事业，在黎明到来的前夜以生命坚守信仰，至死不渝。

正是有了信仰，许多革命者抛妻别子，书写出惊天动地的人间大爱。1928 年 10 月，25 岁的共产党员陈觉给妻子赵云霄的遗书中这样说："谁无父母，谁无儿女，谁无情人……我们正是为了救助全中国人民的父母和妻儿，所以牺牲了自己的一切。""我们虽然牺牲了，但我们的遗志自有未死的同志去完成，大丈夫不成功便成仁，死有何憾？"陈觉在就义时，给妻子写下的这封遗书，其情其志，催人泪下。5 个月后，23 岁的妻子赵云霄被捕，在给初生的女儿喂完最后一次奶后，留下遗书，从容就义。

信仰是无私的。1930年8月27日，国民党在浙江陆军监狱一次就屠杀19位共产党人，裘古怀就是其中之一。裘古怀在就义前说道："每一个同志在就义时，都没有任何一点惧怕，他们差不多都是像完成工作一样跨出牢笼的。"他匆匆写下《给中国共产党和同志们的遗书》，饱含深情地用"满意"和"遗憾"四个字诠释自己对信仰的理解："我满意的是为真理而死！遗憾的是自己过去的工作做得太少，想补救已经来不及了。"

信仰——铭刻出彪炳千秋的丰碑

信仰的力量是神奇的，共同的信仰凝聚在一起，足能撼天动地。

翻开我党我军的革命史册，骁勇善战、功勋卓著、光耀千秋的将帅们灿若星河。挥手间，千军万马势如虹，横扫千军如卷席。他们的信仰是何等坚定，他们的功绩是何等辉煌，铮铮铁骨气壮山河。

1955年、1965年，中国人民解放军两次授衔，共授元帅10人，大将10人，上将57人，中将177人，少将1360人。

一代将星闪耀，一个世纪辉煌。他们在战火中迈出从农民到将帅的最初一步，又在战火中谱写出独有的史诗般的篇章；他们为赢得革命的胜利浴血奋战，为新中国的诞生流血负伤。他们中有讲不完的感人故事，道不尽的人间奇迹，为我们留下了无尽的宝贵精神财富。

战伤，是开国将帅们出生入死的标志，也是他们身经百战的光荣花。战伤，记载着他们的苦难，铸就了他们的辉煌。

20世纪80年代以后，记者陆续采访了王震、许世友、张爱萍、陈锡联、洪学智、余秋里、张震、李德生、王平、刘震、陈士榘等 200 余位开国将军。令人惊讶的是，无论是军事指挥员，还是政工干部、后勤干部；无论是一线指挥员，还是机关工作者；无论是驰骋疆场的将军，还是博学多才的儒将，几乎没有一人身上没有战伤。据不完全统计，被采访的 200 多位将军中，有战伤记录者 170 多人，累计战伤 400 多次，平均每人负伤两次以上。

10 位元帅中有 7 位负过伤，他们是刘伯承、陈毅、林彪、罗荣桓、徐向前、贺龙、聂荣臻。负伤最多的是刘伯承，9 次负伤、10 多个伤疤。

10 位大将中有 7 位负过伤，他们是粟裕、徐海东、陈赓、张云逸、罗瑞卿、王树生、许光达。负伤最多的是徐海东，负伤 9 次，伤疤 20 余个。

在开国将领中，还有一批因战伤而断臂断腿、终生残疾的将军。他们是贺炳炎、余秋里、彭绍辉、晏福生、左齐、苏鲁、陈波、彭云清、童炎生、张和、廖政国 11 位断臂将军，钟赤兵、谢良等独腿、独脚将军，还有眼睛炸瞎、耳朵震聋、大脑损伤及身

体部位永久伤害的将军，这在中国战争史和世界军事史上都十分罕见。

开国将帅们身上的累累战伤，并不是一个简单的伤痕，而是他们为我们留下的宝贵精神财富。一处处战伤，展示了一部部战争传奇；一处处战伤，体现了一股股不灭的精神力量；一处处战伤，反映了时代的风云变幻，也揭示了战争的残酷无情。

1916 年 3 月中旬，为支持云南护国军在川南的战斗，24 岁的刘伯承率四川护国军第四支队，攻克丰都县城，截断长江交通，阻止袁世凯军队对四川水陆增援。在激烈的战斗中，他连中两弹，其中一颗子弹从右太阳穴穿眼而过。一位德国医生为他动手术时，刘伯承为了保护脑子，坚决拒绝使用麻药。德国医生用颤抖的手摘除了其右眼球，又把周围的坏肉一刀刀挖去。刘伯承浑身直冒冷汗，却咬紧牙关，始终没吭一声。手术后，德国医生见他手握的椅柄汗水下滴，便问他："痛吗？"刘伯承回答："才 70 多刀，小事！"德国医生反问："你怎么知道？"刘伯承回答："你每开一刀，我都在心里数着。"德国医生大为惊讶："我当了这么多年的外科医生，第一次遇见像你这样勇敢的人！"

在戎马生涯中，刘伯承先后负伤 9 处，左脚一处；颅顶一处；右眼一处，不幸失去右眼；右腿股动脉一处，险些丧命；左臀部一处；左腿受伤，损及神经，一度不能行走；右眼侧面一处，弹头入肉，情急之下，自己咬牙用手指抠了出来；左脚侧边一处；右手侧面一处。叶剑英元帅曾写诗赞刘伯承元帅："遍体弹痕余只眼！"

粟裕大将，1930 年任红四军特务队政委，在水南战役中，一颗炮弹在身边爆炸，头部负重伤，当场昏倒，送医院治疗没发现头部弹片，直到 1984 年，粟裕逝世后，才发现了 3 块弹片深藏头颅 54 年。头疼头晕折磨粟裕几十年。

许光达大将曾 4 次"开膛破肚"。1932 年 3 月，国民党武汉绥靖公署集中兵力疯狂"围剿"红军。时任红三军二十五团团长的许光达，率部参加瓦庙集战斗身负重伤，被送到红军医院。师长段德昌向医院余学艺院长恳求："许光达不可多得呀！你们一定要救活他。"医生杨鼎成说："子弹离心窝子近得很，危险很大，不动刀子，命就没了！""那还等什么？就开刀吧！"段德昌急得头上直冒汗。医生说："动？怎么动？没麻药，这么大的手术，这是要开膛破肚啊！"这时躺在地上的许光达开口了："没麻药，不要紧，里外是个痛！"因为没有麻药，杨鼎成医生不忍心下手。"没关系，我吃得住，开始吧！"许光达催促医生。"扑哧"一声，刀下去了。但由于子弹太深，手术没有找到。医生只好在缝合处再拉开一道口子，仍未成功。接着第三次开膛，还是没有把子弹取出来。

贺龙决定送许光达去上海。当许光达躺在上海一家医院的手术台上时，忽听手术室的大门被拉开，一位女子闯进来说："对不起，家里出大事了，手术先不做了！"说着也不顾医生们的反对，帮许光达穿好衣服离开了手术室。不一会儿，警笛大作，国民党特务包围了医院，几分钟内，就有 3 名正在做手术的红军指挥员被敌人杀死在手术台上。后来，经地下党组织安排，许光达辗转去了苏联，在莫斯科作第四次手术，才把那颗子弹头取了出来。

红四方面军每个连队都有一名旗手，也叫打旗兵。红旗飘到哪里，官兵们就要冲到哪里。罗应怀中将就是在打旗兵的岗位上负了三次伤，两只手和一条腿都落下了残疾。他比画着说："我这只手打成两截，没有接好，短了这么多。这只手也中了弹，残疾了，一条腿也残疾了。有一次一颗子弹飞过来，打在子弹袋上，弹片是我自己拔出来的。"将军当打旗兵时才 15 岁，他说："打旗兵的任务最危险也最光荣，当年的打旗兵活到革命胜利的只有我一个。"

38 军军长梁兴初中将 9 次负伤都是在红军时期。参加红军的第二年，他在第二次反围剿中负伤，伤愈后任排长；任副连长时两次负伤仍坚持作战，获红星奖章一枚；任连长时一颗子弹从右腮穿过头部，血流满面；任营长时先后两次负伤。梁兴初将军在红军时期的 6 年战斗生涯中，从战士到团长，负伤 9 次，升了 9 级，正好是一个伤疤一级军阶。

龙书金少将是我军绝无仅有的断臂兼短臂将军。乍一看，他的右手手臂与正常人没有什么两样，手腕、手掌、手指和正常人一样灵活自如。如果仔细看就会发现，他的这条手臂竟像丝瓜吊在藤蔓上似的吊在肩膀上，可以前后旋转，可以上下伸缩，却抬不起来。他的左上肢在抗战时被打断，上臂和下臂里面的骨头是分离的，只有皮肉连着。他 1939 年受伤后，用两块小木板夹住左臂，吊在脖子上，跃马挥枪，南征北战，整整打了 10 年仗，从关内打到关外，从东北打到海南岛，从抗日战争一直打到解放战争。

颜文斌少将在 1000 多名少将中知名度并不高，但他却是负伤最多的将军之一，全身共有 18 处战伤。在长征途中，敌人一颗手榴弹在身边爆炸，弹片钻进右臂，骨折筋断，肿如馒头。卫生员将他绑到一棵树上，用小刀割开皮肉，将弹片取出。

钱钧中将是少林寺出来的著名战将，全身负伤 15 处。一次战斗中，时任红四方面军 33 团政委的钱钧左腹被敌弹击中，昏迷一天一夜。官兵们都认为政委已经断气了，将他装进一口没有盖的棺材里，盖上一块门板，停放在屋后的一间牛棚里。第二天，团长回来问战士，"钱政委呢？""牺牲了。""在哪儿？""抬回来啦。"当团长心情沉重地走进牛棚揭开棺材上的门板时，惊喜地发现钱政委躺在棺材中眨眼呢！后来他幽默地说："阎罗王不要我，我有什么办法呢！"

同在红六团担任团长的贺炳炎和政委余秋里，他们在长征中一直战斗在第一线，击退敌人一次又一次进攻，然而不幸的巧合是，他们在不同的战斗中负伤，一位失去了右臂，一位失去了左臂。团长、政委两人只有两只手臂。

电视剧中李云龙的原型就是勇冠三军的开国中将王近山，人称"王疯子"。他 15 岁参军，16 岁任连长，无论是在抗日战争岁月里，还是淮海战役战场上，以及抗美援朝上甘岭前线，都因善打硬仗、恶仗而屡建奇功，荣获一级八一勋章、一级独立自由勋章、一级解放勋章。1930 年，他同敌人搏斗时，天灵盖被戳了一个洞；1935 年，与川军作战时胸部中弹，醒来后继续冲锋，头部中弹昏倒。他负伤 7 次，一条腿和一条胳膊都骨折过；因一条腿比另一条腿差 5 厘米，他只能穿特制的皮鞋才能正常走路。

将帅们百战照汗青，英名传万世。历史永远会记住他们是谁，历史永远会清楚他们是谁，他们是中华民族的中坚，是坚守信仰的楷模！

西路军失败后，身中一枪四刀的王定烈将军曾被押进战俘营，在那里度过了生命的垂危期，又顽强地秘密建立了党组织。信念不灭，精神不死，生命在他的身上产生了奇迹。1937年8月，九死一生的王定烈终于逃出战俘营回到延安，回到了党中央的怀抱。西路军总指挥部五局局长欧阳毅在西路军失败后，改名换姓，一路靠要饭、卖字为生，只身一人回到了延安。

久经考验，饱受苦难，矢志不移的4500余名西路军将士回到延安，成为夺取革命胜利的重要力量，他们中产生83位开国将帅。其中元帅1人，大将1人，上将4人，中将13人，少将64人。

开国将军方子翼在总结自己的人生时，写下"仰不愧天，俯不怍人"8个字。老将军经历了鄂豫皖苏区4次反"围剿"、川陕苏区粉碎田敬尧"三路围攻"和刘湘"六路围攻"、四过雪山草地、河西走廊鏖战"马家军"等无数场险恶战斗，3次负伤，3次险些丧命。朝鲜战争爆发后，他奉命组建"第四歼击师"，并首任师长，成为第一位率部入朝参战的空军指挥员。他率领的"空四师"第一个击落美军飞机，击毙美军王牌飞行员戴维斯。空军司令员王海上将曾由衷地称赞说："他在中国人民空军的发展建设中所发挥的作用已载入史册。"就是这样一位人民空军的功臣，曾三次与职务提升的机会擦肩而过，但他看得很开，始终坚定不移、无怨无悔地忠诚于党的事业。他说自己不知多少次从死亡线上走了回来，早已不是"九死一生"啦。如果不是为了信仰，根本活不到今天。

信仰——奏出气壮山河的凯歌

为有牺牲多壮志，敢教日月换新天。在中国历史上，没有哪个时代会有如此众多的英雄壮举令天地为之动容。

回顾浴血奋战的战争岁月，一面面胜利的旗帜，尽染着无数革命烈士的鲜血；一本本壮丽的史册，书写着无数英雄的华丽诗篇。中华儿女脚踏着祖国的大地、肩负着民族的希望，满腔热忱地与硝烟共舞，火红的生命与日月同辉，他们横刀敌阵，泣血孤营。

英雄董存瑞用身体做支架举起炸药包，把生命融入了祖国大地，普通的身躯巍峨如一座高山，成为历史视野中一座永恒的丰碑。

黄继光用胸膛堵住敌人疯狂扫射的机枪眼，惊天动地的壮举，诠释了我军所向披靡的奥秘，定格在中国波澜壮阔的历史画卷之中。

邱少云在一团团燃烧的火焰中闪耀着生命的光环，闪烁着让人久久感动的光辉，他把对祖国的无限忠诚融入在中国军人的血液里。

杨根思青松般挺立在长津湖，毅然抱起炸药包冲向敌群，与敌人同归于尽，彰显出中国军人大无畏的革命精神。

罗光燮在清除敌人军事据点的战斗中，毅然用身体向前滚动引爆地雷，一次次的连环爆炸中矗立着中国军人的崇高形象。

刘胡兰面对敌人的铡刀毫无惧色："怕死不是共产党员！"她以短暂的生命，谱写出不朽的诗篇。是什么力量让她毅然舍弃年轻的生命，这力量的名字叫作信仰。

狼牙山五壮士为了掩护主力部队和人民群众转移，奉命将日军引向狼牙山顶峰棋盘陀，因弹尽路绝，五名战士毅然砸枪跳下悬崖，彰显出了中国军人的英雄壮举和宁死不屈的血性气概。

英雄，如灿烂星空中的明星数也数不清。从抗日名将杨靖宇、赵尚志、彭雪枫、马本斋，到"刘老庄连 82 烈士"、东北抗联"小孤山 12 烈士"，再到誓死不屈的抗联 8 位女战士挽臂走向江中，每一个名字背后都传诵着一段可歌可泣的英雄故事，每一段英雄故事都是荡气回肠的爱国壮歌。

无数英雄的名字写满了夜空，因此星光灿烂；无数英雄的名字写满了大地，因此山花烂漫；无数英雄的名字写满了江河，因此激流澎湃；无数英雄的名字写满了共和国的丰碑，因此历史长河气势磅礴地向前奔流。

在八一南昌起义纪念馆里，有这样一面让人难以忘怀的墙：墙上镌刻着 858 个名字，当年 2 万多名起义官兵只留下了这些英名。新中国成立前，这 800 多人中又有 351 人牺牲。新中国成立后，走出 16 位共和国领导人、6 位元帅和 20 位将军。

江西兴国县革命烈士英名碑，有名有姓的烈士就有 23179 人。二万五千里长征，几乎每前进一里就有一名兴国籍的战士倒下。二万五千里长征展开了一幅苍郁壮阔的画卷，倒下的一个个血肉之躯变成了永恒色调。四路红军长征出发时 20.6 万余人，在三大主力会师陕北时仅剩下 5.7 万余人，约 15 万名红军将士牺牲在长征路上。

位于大别山南麓的红安县，诞生了董必武、李先念两位国家领导人，走出了韩先楚、秦基伟、陈锡联等 223 名开国将军，是名副其实的"中国第一将军县"。为什么小小的红安县能诞生如此多的革命将领？从当时流传甚广的一首革命歌谣可见端倪："小小红安，真不简单，铜锣一响，四十八万，男将打仗，女将送饭"。在革命战争年代，英雄的红安儿女置生死于度外，弃小家为国家，走出家门，迈出田埂，踏上革命征程，造就了"一要三不要"（只要革命，不要钱、不要家、不要命）和"一图两不图"（只图奉献，不图名、不图利）的伟大"红安精神"。在 28 年的革命战争中，红安牺牲了 14 万英雄儿女，有名有姓的烈士就有 22552 人。正是由于红安人民有着坚定的革命信念，有着勇往直前的献身精神，才能有革命的最终胜利，才使这片热土将星闪耀。

鄂豫皖根据地是一部中国革命的教科书，是哺育革命的摇篮，是红一军、红四方面军、红二十五军、红二十八军等八支红军队伍的诞生地。这里山山埋忠骨，岭岭铸忠魂。在艰苦卓绝的革命战争年代，大别山人民在中国共产党的领导下，浴血奋战，前赴后继，先后有 200 多万人参军参战，近百万人英勇牺牲，以鲜血和生命赢得了"28 年红旗不倒"的荣誉称号。这里走出了徐海东、王树声、许世友、洪学智、李德生等 469 位叱咤风云的开国将领，他们战功卓著，永垂青史。

江苏的盐城，曾是新四军军部所在地，享有苏北"延安"之誉。据统计，仅抗日战争和解放战争时期，发生在盐阜大地的大小战斗就有 1400 多次，牺牲的英烈达 11600 多名。

从中国共产党诞生到中华人民共和国成立，有 2000 多万革

命者献出了宝贵生命。仅抗日战争时期，八路军、新四军、华南抗日纵队就有60多万儿女付出了宝贵的生命。3年解放战争中，有26万多名子弟兵牺牲在战场上。和平建设时期，又有30多万官兵为保卫祖国、建设祖国付出了生命代价。

为国捐躯的大多数是共产党员，大多数风华正茂，大多数无名无姓。有名有姓列入烈士英名录的只有180多万，而无名无姓的烈士则是这个数字的数倍。

山河可以改变，沧海可变桑田，但英烈不死，精神永生。

英雄功业在，光芒日月长。

信仰——凝聚出爱党爱国的情怀

1949年，新中国成立，使海内外所有炎黄子孙对自己的祖国充满了期待。怎样回应这种期待，对中国共产党人来说，怎样践行自己的信仰，无疑是一种巨大的新的挑战。

1950年3月18日，刊登在《留美学生通讯》第三卷第八期上的一封致全美中国留学生的公开信，信中写道："祖国在向我

们召唤，我们的人民政府在向我们召唤。让我们回去把我们的血汗洒在祖国的土地上，灌溉出灿烂的花朵。回去吧，赶快回去吧！祖国在迫切地等待我们！"信的末尾，是留美学生署名，一共53人。

而就在公开信发表前的1950年2月底，这封信的发起人已经登上克利夫兰总统号客轮驶离了美国的旧金山港口。这个26岁的青年人叫朱光亚，他已经在美国密执安大学获得物理学博士学位。如果留在美国工作，他将拥有什么样的生活，是人所共知的。但是，他和其他留学生，偏偏要回到贫穷落后、百废待兴的祖国。今天有些人或许很难理解，朱光亚的理由不仅充分，而且是那样充满执着激情。他说过一段著名的话：科学没有祖国，但科学家有祖国，回国是不需要理由的，不回国才需要理由。

1955年10月8日，冲破重重阻碍的钱学森终于回到了祖国怀抱。而当时，他已经是名扬美国的空气动力学家。

那时候，中国还没有制造出自己的汽车、飞机，部队使用的武器主要是苏式装备，尖端武器的研制更是一张白纸，拥有自己的尖端武器，成为当时最迫切的要求。

回国后，钱学森开始主持导弹的研制工作。在当时，他是唯一一位见过导弹的中国人。许多与导弹有关的术语，都是由他亲自翻译的。1959年11月12日，钱学森成为中国共产党的一名正式党员。后来他回忆说："我被接纳为中国共产党正式党

钱学森

员，我激动得整夜睡不着觉。"

有人问起他的人生选择时，钱学森的回答是："我为什么要选择中国？我的回答是因为我选择了马克思主义，选择了共产主义理想，还因为我热爱我的祖国。"

社会主义新中国的活力和成就，让信仰更具魅力。许多功成名就、才华横溢的科学家放弃国外优越的条件，义无反顾地回到祖国，把自己的理想与祖国的命运紧紧联系在一起，把个人志向与民族振兴紧紧联系在一起。1950 年至 1957 年，约有 3000 名留学生回国。这一时期回国的科学家有李四光、吴国良、朱光亚、王希季、赵忠尧、钱学森、邓稼先、程开甲、谢希德、唐敖庆、徐光宪、吴文俊、陈能宽等。他们从事科学研究工作，甘当无名英雄，隐姓埋名，默默奉献，有的甚至献出了自己的宝贵生命。他们不辞辛苦，克服难以想象的艰难险阻，以惊人的毅力，运用有限的科学条件和试验手段，顽强拼搏，奋发进取，突破了一个个难关，创造了人间奇迹。

越来越多的知识分子，站在了共产主义的信仰旗帜下，承载着他们的报国情怀，也承载着他们对人生价值的追求。

著名地质学家李四光在 1958 年入党的时候，虽已临近古稀之年，但他却说自己像一个刚刚出生的婴儿，新的生命刚刚开始。著名数学家华罗庚 1958 年申请入党，1959 年获得批准时他这样表达出心声："横刀哪顾头颅白，跃马紧傍青壮人，不负党员名。"

爱因斯坦曾说：百折不挠的信念所支持的人的意志，比那些似乎是天敌的物质力量具有更大的威力。原南京军区总医院黎介寿院士，一直把信仰作为崇高的人生向往，把党作为前行的灯塔。由于历史原因，他早年未能入党，但他一直没有放弃理想信念，始终不改初衷，追求30年写了27份入党申请书，终于在他55岁那年实现了心愿，光荣地加入了中国共产党。他虽是誉满中外的医学泰斗，但理想信念始终不灭。他说："虽然我已经快90岁了，但跟党走的信仰，就像艄公手上的老茧一样，越磨越厚，也越来越管用。"

信仰——铸就出人民公仆的本色

1956年，党的八大召开之际，一位诗人写下了这样的感触："不要忘记山乡水村的那些母亲，不要忘记一同睡过破炕席的兄弟，也不要忘记缝缝补补的姐妹情谊，他们的烦恼和困难要多多深思。这是我们的本色，也是我们的来历，把它当成石碑一样刻在心里！人民，就是共产党员的上帝，所有的上帝都比不上他们那样神奇！"诗人之所以能用最美的语言诠释共产党人的公仆本色，主要是因为有更多的共产党人，用自己的行动给他们提供了生动的素材。

1962年12月，焦裕禄担任河南省兰考县县委书记。他一到任，就投入到封沙、治水、改土的斗争中。风沙最大的时候，他带头去查风口、探流沙；大雨倾盆的时候，他带头蹚着齐腰深的洪水查看险情；临终前，他对组织上唯一的要求就

焦裕禄

是，死后"把我运回兰考，埋在沙滩上，我要看着群众把沙丘治好"。

离厦门不远，有一个绿树掩映的海岛——东山岛，岛上绿树成荫，气候宜人，有近 21 万人居住在这个方圆 188 平方公里的小岛上。由于生态条件好，这里养殖的鲍鱼一直是周边市场上的畅销货。

1950 年，福建省东山县委书记谷文昌随解放军南下来到东山岛，当他得知，东山岛一年有大半年时间刮 6 级以上大风，曾经有 11 个村庄被风沙掩埋，年年都有人外出逃荒要饭，谷文昌动情地说，党派我到东山县当县长，我就要让东山人民的生活好起来。于是，他带领群众在东山岛风沙最严重的 3 个灾区种下了 2 万株木麻黄。然而一场倒春寒，让刚刚种下的木麻黄几乎全部死掉。谷文昌来到白城林地，他把活下来的 9 株木麻黄看了又看、摸了又摸，满怀信心地对群众说："你们看，这不是还活了 9 株吗？有这 9 株，就有 90 株、900 株、9000 株。"他指天发誓："我们要向沙滩宣战，不制服东山风沙，就让风沙把我埋掉。"

1981 年谷文昌病逝后，当地群众把他的骨灰埋在了木麻黄掩映的东山岛上。在岛上，每年清明节都要举行祭拜活动，"先祭谷公，再拜祖宗"已经成为东山人民不成文的习俗。

1994 年，东山县造林面积已经达到 82000 亩，400 座小山丘和 3 万多亩荒沙滩基本完成绿化，在 194 公里长的海岸线筑起了一道"绿色长城"，昔日荒芜的东山岛终于变成了美丽的绿岛。

在江西省莲花县玉壶山上有一座墓碑，老红军甘祖昌长眠在这里。甘祖昌 1927 年参加革命，在长期的革命战争中，他头部 3 次负重伤。1957 年，已是新疆军区后勤部长、解放军少将的甘祖昌，主动辞去领导职务，带着全家回到家乡江西省莲花县坊楼公社桥头村务农。

回乡 29 年，甘祖昌和乡亲们一起修建了 3 座水库，一条 25 公里长的管道，4 座水电站，3 条公路，12 座桥梁。甘祖昌离职回乡，工资还保留着将军的待遇，可他把这些钱用于集体生产和帮助贫困户，有据可查的就达 85000 元，几乎占了他回乡 29 年全部工资的 80%，而他自己却总是省吃俭用。

有人问甘祖昌：你有官不当，有福不享，有钱不花，到底图个啥？甘祖昌回答："我干革命不是为了个人升官发财，不是要推翻一个剥削阶级再培植一个新的特殊阶层，我干革命是为了解放全人类、实现共产主义。"

1986 年 3 月 28 日，躺在病床上的甘祖昌向老伴儿交代："下次领了工资，再买些化肥，送给贫困户。"这是他最后的心愿。当天中午，他因病情恶化不幸逝世。他一生征程万里，从不肯停下来歇歇脚、享享福。他一生淡泊名利，心系人民，诠释了共产党人信仰的宝贵密码。

新时期成长起来的党员领导干部的优秀代表孔繁森，他的精神，他的信仰，内涵丰富，影响深远。作为一个普通共产党员，一个贫苦农民家庭的儿子，共产党人的党性和中华民族传统美德都在他的身上得到了凝聚和升华。

孔繁森不管在山东内地还是在西藏高原，他的拼搏精神有口皆碑。他在西藏阿里担任地委书记时，足迹遍及 30 万平方公里，跑遍 106 个乡镇中的 98 个，一直在为阿里人民群众摆脱

孔繁森

贫困而奔波；他与人民群众同甘苦、共命运，解决生产、生活中的一个又一个难题。他积劳成疾，主要靠大剂量的药物支撑，但从不肯停下工作；他多次因高原缺氧头痛欲裂，却不肯中断走访调查，直到生命的最后时刻。孔繁森身居重要领导岗位，时刻牢记手中的权力是人民给的，铭记"领导就是服务"的座右铭，从来没利用手中权力为自己、家庭、亲友索取什么，而是把权力当作为人民群众尽义务、谋幸福的职责使命。孔繁森始终践行"为政之要在于安民，安民之道在于察其疾苦"的古训，把为人民群众排忧解难上升到公仆意识的高度，认为"不为民解忧，何以言公仆？"为解除人民群众遭受自然灾害之忧，他跋山涉水、爬冰卧雪，吃方便面、啃干馍馍，寻求救灾方略；为解除人民群众之苦，他为重病的藏族老人吸痰，为冻伤的藏族老人暖脚，对饥寒中的群众倾囊相助，把为人民群众无私奉献视为人生的最大幸福。

孔繁森牢固树立宗旨观念和公仆意识，成为新时期共产党员的榜样、领导干部的楷模。追根溯源，在于他树立了为党和人民事业奋斗终身的理想和信念，在于他树立了正确的世界观、人生观、价值观。他全心全意为人民服务的公仆精神，无私奉献的人格魅力，艰苦奋斗、廉洁自律的高尚品格，谱写成嘹亮的新时代奉献之歌，在中华大地回响。

信仰，是一种可以传递、可以倍增、可以扎根的力量，有了千千万万以生命践行信仰的带头人，党的队伍必定越来越壮大。

湖南省委副书记郑培民，把"做官先做人，万事民为先"作为自己的行为标准，在人民心里树起一座公正廉洁、为人民服务的丰碑。

四川省南江县委常委、纪委书记王瑛常说："尽心尽力为群众办事，是我们党员干部的天职。"她始终战斗在查处案件、监督执纪及抢险救灾的第一线，在大巴山群众中留下了一座不朽的丰碑。

一座座丰碑，书写着这些共产党人正确的世界观、权力观和事业观，也诠释了他们一心为公、一心为民的坚定信仰。

在三湘大地，至今流传着一首歌颂一位普通苗族共产党员的歌曲《楷模》，歌词大意是："老百姓忘不了你呀，龙清秀，你是公仆的好楷模，一片赤诚心，不负党重托；足迹遍三湘，四水常奔波。呕心沥血为人民，汗浸血染也是歌。"

歌词中的这位苗族共产党员、人民的好公仆龙清秀，生前担任湖南省计划委员会以工代赈办公室主任、湖南省西部开发办公室副主任，去世时年仅53岁。

2001年2月15日，龙清秀遗体告别仪式原定于上午9时50分在长沙开始，可是早上7时30分，吊唁的人群就已陆续涌来。数百名湖南老少边穷地区的各族干部群众，自发赶到省城参加告别仪式。原定300多人规模的告别仪式很快达到千人以上，就像送别自己的亲人一样，1000多人悲痛欲绝、泣声一片。

以工代赈是中共中央、国务院对贫困地区人民的专项帮扶政策，1985年龙清秀开始负责这项工作，由她经手的国家经费共有27亿多元，这批钱投向哪里意味着哪里就有福利和发展，这是党交给她的权力。龙清秀常说："守得住清廉，心里踏实。"由于原则性太强，龙清秀落下了不近人情的名声。

龙清秀每年下乡看项目、搞调研，从不让基层招待，只吃酸菜米饭，住最简单的接待站。她拖着病弱的身体，常年奔波于贫困山区，给那里老百姓送去党的温暖，直到查出乳腺癌晚期，才住进医院。

为了表彰龙清秀做出的杰出贡献，原国家人事部、原国家计委追授她"模范公务员"荣誉称号，并号召全国广大公务员向龙清秀学习。

信仰——塑造出敬业奉献的崇高境界

敬业奉献是一种尊严，是一种美德，是连接人与人之间情感的桥梁，是共产党人实现信仰最朴实的形式。

北京王府井商业街被称为"中国第一街"，位于王府井大街中段的百货大楼门前竖有一座雕像，他就是曾经在这里工作过32年、接待过近400万名顾客的售货员张秉贵。当年张秉贵站柜台被称为"燕京第九景"，就像北京的传统名胜"燕京八景"一样，充满魅力。

张秉贵

张秉贵有几手绝活，最著名的就是"一抓准"，不管顾客想要几斤几两，他都一抓一个准。

张秉贵的柜台前，许多人第一次发现，如此平凡的一种劳动，原来也能给顾客带来快乐、送去温暖。这样的服务，被称为张秉贵的"一团火"精神。正是他心里对待顾客有温暖的"一团火"，才可能有"一抓准""一口清"的劳动水平。

常有顾客说："你这服务有点像张秉贵的味道啊！"时隔数十年，子承父业的张朝和继承的不仅是父亲的岗位，还有父亲的信仰。

"很多人的观念变了，认为只要有钱就可以，但是我要做一辈子售货员，要百尺竿头更进一步，为百姓服务好，让'一团火'精神代代相传。"张朝和这样说。

"如果你是一滴水，你是否滋润了一寸土地？如果你是一线阳光，你是否照亮了一分黑暗？如果你是一颗粮食，你是否哺育了有用的生命？如果你是一颗小小的螺丝钉，你是否永远坚守在你的岗位上？……"写下这一段文字的是一个青年战士，一名共产党员，他的名字叫雷锋。

1962 年，雷锋在工作岗位上牺牲时只有 22 岁，就是这样一个普通的年轻人，为什么能够感动那么多人的心灵，影响着一代又一代人的成长？

雷锋生前没有经历过战火的锤炼，也没有惊天动地的壮举，他是平凡的，任何人都可以学到；他又是伟大的，任何人都要努力才能学到。每个人都是"一滴水"，但要升华为雷锋式的"一滴水"，却必须用信仰去净化，用奉献去呵护，用执着去追求。这就是"雷锋精神"，为社会

雷锋

主义建设时期共产党人的信仰立下的时代坐标。

北京"最帅的警察"、80后警察孟昆玉，24岁入党的他工作10年，日日"站马路"，天天"想发明"：制作公交信息灯牌，印制出租车停靠示意卡，便民利民。虽然是交警，他却随身携带速效救心丸，关心街坊百姓的身体健康。

孟昆玉

了解他的群众说，这孩子心里装着老百姓，是个好警察。有位被他罚过的司机说，孟昆玉工作方法得当，合理合规合法，罚了你不仅不恼怒，而且还要感谢他。队里领导说，小孟始终把工作当事业干，把出勤当成一种快乐的事情。

对此，孟昆玉说："我的想法很简单，就是做任何事，都要让百姓满意，让自己满意。当大家对我满意时，我也会很满足。"

他是新时期千千万万普通共产党员中的一员。

信仰如山，今天，他仍坚守在北京和平门的岗位上。

鞍钢集团矿业公司齐大山铁矿生产技术室采场公路管理业务主管郭明义，他的人生信仰，不仅体现在工作岗位上，而且彰显在热心社会公益事业上。从1991年开始，他20年献血6万毫升，是自身血量的10倍多。1994年以来，他为希望工程、身边工友和灾区群众无私捐助，先后资助180多名特困生，而他自己一家三口却住在一个不到40平方米的旧房子里。

郭明义的一言一行，让人们想到了战争年代的张思德、新中国时期的雷锋，这是共产党人为国为民、无私奉献精神在新形势下的延伸和发展，既有情有义，又可亲可信。他们的信仰，让人感到好像在寒冷时围上一条围巾，乏累时很自然地伸过来一双温暖的手。

王顺友是四川凉山的一个邮递员，一个人一匹马，24年跋涉26万公里，相当于绕地球赤道6圈，没有丢失过一份邮件，从没有耽误过一次班期，创造了中国邮政史上的一个传奇。

王顺友

原北京军区总医院模范军医华益慰，始终保持"做一台手术，留一个精品"的事业心、责任感，从医50年，动手术6000多例，无一失败，挽救数千名患者的生命，创造了医学界的奇迹，被患者称为"值得托付生命的人"。

英雄试飞员李中华飞行33年，飞过3个机种、20个型号，空中成功排除重大险情19例，把宝贵的试飞战鹰全部安全驾回机场，创造了中国空军试飞史上的奇迹。

李中华

一群群共产党人为了信仰，他们常怀"中华民族到了最危险的时刻"的危机感，他们胸怀"天下兴亡，匹夫有责"的责任担当，他们为着民族的解放、人民的利益，用鲜血和生命在民族的抗争史、解放史、发展史上树起了一座座永久的丰碑。

一代代中华儿女为了信仰，在各行

各业的平凡岗位上，不畏艰难，甘于奉献，因大爱而执着，应梦想而无悔，把个人的聪明才智和奉献精神融入祖国和人民的伟大事业之中。

信仰在传承，事业在延续。如果说"革命理想高于天"的年代诞生的英雄，为共产党人的信仰绘就了基本底色，那么在激情燃烧的岁月涌现出的典型，为共产党人的信仰则构筑了精神高地。当今，在与时俱进的新的历史时期，共产党人要书写出坚守信仰、永葆先进的壮丽画卷。

选择信仰很艰难，坚守信仰更艰难。在坚守信仰的道路上，共产党人付出了鲜血和生命代价。坚守信仰就要"咬定青山不放松"，真正做到坚定不移、矢志不渝。习近平总书记指出："坚定的理想信念是战胜一切艰难险阻的强大精神支柱和力量源泉。在推进改革开放和社会主义现代化建设的征途上，我们肩负的任务仍然十分艰巨，面对新的挑战和考验，我们必须始终坚定理想信念，保持清醒头脑，以昂扬向上的精神状态和百折不挠的斗志，克难攻坚，顽强进取，扎扎实实做好各项工作，把党的事业不断推向前进。"习近平总书记还指出："理想信念就是共产党人精神上的'钙'，没有理想信念，理想信念不坚定，精神上就会'缺钙'，就会得'软骨病'。现实生活中，一些党员干部出这样那样的问题，说到底是信仰迷茫，精神迷失。"

坚守信仰，要坚持马克思主义不动摇。马克思主义是理想信念的基础和先导。只有让马克思主义入脑入心，成为指导我们思想和行动的指南，才能从根本上解决我们的世界观、人生观和价值观问题，才不会迷失方向，走上歧途。邓小平同志曾说：

"没有对马克思主义的充分信仰，或者不是把马克思主义同中国实际相结合走自己的道路，中国革命就搞不成功，中国还会四分五裂，没有独立，也没有统一。""没有这样的信念，就没有凝聚力，就没有一切。"培育共产主义信仰，要坚定不移地加强理想信仰教育，打牢基础，扎根于心。

坚守信仰，要坚信共产党的领导不动摇。只有共产党才能救中国，才能发展中国，才能捍卫中国。尽管共产党在前进道路上出现过这样那样的缺点和失误，党员队伍中有腐败分子，有变节现象，需要清除。但不能失去自信、失去尊严、失去团结、失去核心领导，自己不能丑化自己、抹黑自己，决不能吃着共产党的饭，却砸共产党的锅。

我们这个党是有战斗力的。在中国，一旦失去了共产党的领导，就会天下大乱，国家就会改变颜色。

办好中国事，关键在党；实现中华民族伟大复兴，关键靠党。把党建设好，是关键的关键。历史证明，党好国家才好，党强国家才强，党风正，国风民风才正。陈云同志曾经指出："党风是执政党生死存亡的根本问题。"邓小平同志也谈到："一个国家的发展核心是党，有了一个好党才能引导革命走向胜利。"

坚信党的领导就要守住党和国家的核心利益，什么是核心利益？概括起来有三条：第一条，中国共产党的执政地位不能动摇；第二条，中华民族的复兴道路不能中断；第三条，维护党的"两个确立"坚定不移。只要这三条核心利益守住了，党和国家就会永远立于不败之地。

坚守信仰，要坚持为人民服务的宗旨不动摇。共产党的根基在民众之中。一个社会的最大资源是人民，人民是基础，人民是靠山，人民是创造历史的真正动力。共产党人数再多、再强大，一旦失去人民的支持，必将成为虚弱无力的泥足巨人。历史一再证明，没有民众的力量，中国革命是不可能取得成功的。中国共产党必须始终坚持人民至上，把共产党人的崇高信仰聚焦在全心全意为人民服务的宗旨上，一切为了人民，一刻也不能脱离人民。

探寻中国共产党百年成功的奥秘是信仰，为中国人民谋幸福、为中华民族谋复兴靠的还是信仰。

无数共产党人为了追求信仰，命可以不要，家可以不要，高官厚禄可以不要，万贯家产可以不要，宁愿把热血倾洒疆场，含笑迎接死亡。他们是何等的伟大！何等的高尚！

正如梁启超所说："信仰是神圣的，信仰在一个人为一个人的元气，在一个社会为一个社会的元气。"人无信仰不立，党无信仰不存。因此，中国共产党人必须让马克思主义的崇高信仰深扎灵魂深处。

毋庸讳言，无论社会怎么发展，经济如何繁荣，即使中国成为世界经济强国，如果放弃了对理想、对信仰的追求，社会主义国家同样会走向沉沦和没落。在当今世界价值多元的历史条件下，只有坚守理想信仰，才能始终挺立时代潮头，永远立于不败之地，奏出气壮山河的辉煌凯歌。

民族精神不能丢

民族精神不能丢

毛泽东同志告诫我们："人是要有点精神的。"这种精神是指革命精神、牺牲精神、敬业精神、为人民服务精神、无私奉献精神和艰苦奋斗精神。

这种精神是一种境界、一种超越、一种不甘平庸、不甘屈从的血性品格；也是指人的内心世界、心理状态、人的意志和情感等心理活动。

任何一个国家、一个民族，要兴旺发达、繁荣昌盛，都需要精神支柱，任何一个政党要得到民众的拥戴，就要有彰显自己性质和宗旨的精神；一支军队要打败对手、夺取胜利，要有强大的精神动力；就一个家庭来说，也要有一种精神，否则就会家业衰

败，一代不如一代；一个人要健康向上，不懈进取，成就一番事业，也需要有一种执着的精神。

什么是精神？精神是与物质相对的概念。《辞海》语词分册的解释有五项：一是哲学名词，指人的意识；二是神志、心神；三是精力、活力；四是神采、韵味；五是内容、实质。《现代汉语词典》的解释有两条，也是五项：一是指人的意识、思维活动和一般心理状态；二是宗旨，主要的意义；三是表现出来的活力；四是活跃；五是英俊，相貌、身材好。

精神，一般来说是抽象的。精神是人脑的产物，它能动地反映客观存在，并能动地反作用于客观存在。就是人们常说的物质变精神，精神变物质。

精神非常重要。正如有人所说的：人，身体摔倒了还可以爬起来，但如果精神倒了，就永远起不来了。

精神具有象征意义。凡是某种精神，其主体都是某一团体、政党、国家和民族的伟大人物或英雄。这一精神，是这一团体、政党、国家和民族的象征，具有宣示主旨、凝聚人气、教化心灵、激励向上的巨大作用。

很多国家、政党都悬挂其总统、领袖的画像，这是为什么呢？其实，就是宣示一种精神象征。

没有了精神的象征，就意味着失去了最根本的基础。

精神具有激励作用。它能够鼓舞斗志，增强意志力，激励人们努力上进，实现目标。

精神具有传导性。精神的激励作用，来源于它的传导性。这种传导性，既可能是正向的，也可能是负向的。有个词叫兵败如山倒，就是形容一旦精神倒了，多大的兵力也会顷刻瓦解、轰然崩塌，这就是精神的负向性传导。精神倒了，是非常可怕的。

精神具有不可想象的能量。人类精神一旦唤起，其力量是物理因素不可比拟的。毛泽东同志曾经指出："一切反动派都是纸老虎，原子弹是纸老虎。"伟人所讲的，就是中国共产党人的精神，精神的力量是不可战胜的。

精神可以超越生命。对于一个伟大的人，你可以消灭他的肉体，但不可以消灭他的精神。1935 年 1 月，红十军团因指挥失误导致作战失利，在浙赣边界的怀玉山突围时，红二十一师师长胡天桃被捕，令国民党将领吃惊的是，这位红军师长的身上穿着三件补了补丁的单衣，下身穿着两条破烂不堪的裤子，脚上穿着两只不同颜色的草鞋，背着一个很旧的干粮袋，袋里装着一个破洋瓷碗，除此以外，别无他物，与红军战士没有什么区别。时值严冬，天寒地冻，他们真不敢相信这就是红军的师长。国民党将领使出物质诱惑、死亡逼迫的手段，却不能动其精神丝毫。最终胡天桃被国民党枪杀。

什么是民族精神？民族精神是指一个国家的民族气质、风范、血性和特征。习近平总书记对中华民族精神的定义是：伟大创造精神、伟大奋斗精神、伟大团结精神、伟大梦想精神。

中华民族的伟大精神，积五千年之精华，博大精深，根深蒂固，是中华民族生命机体中不可分割的重要部分。比如"天下为公""振兴中华"的崇高理想；"富贵不能淫，贫贱不能移，威武不能屈"的高尚人格；"先天下之忧而忧，后天下之乐而乐""国家兴亡，匹夫有责"的爱国情怀；"人生自古谁无死，留取丹心照汗青""鞠躬尽瘁，死而后已"的献身精神；爱国爱家、敬老尊贤、诚实守信、助人为乐的厚德精神；自强不息、崇尚科学、开拓创新的进取精神；追求公平公正的民主精神；等等。这些精神塑造了千秋万代民族之魂，构成了中华民族传统文化的精髓，是我们传承和践行的精神内涵。

中国共产党自诞生之日起，就承担起了争取民族独立、人民解放和实现民族振兴、国家富强、人民幸福的历史使命。在长期的革命斗争中培育形成了一系列彰显政党性质、反映民族风貌、体现时代要求、凝聚各方力量的伟大民族精神。这种精神有其自身的特点，主要体现在以下几个方面：坚定的共产主义理想信念；以爱国主义为核心的团结统一；英勇顽强、百折不挠、压倒一切敌人的品格；全心全意为人民服务的宗旨；独立自主、自力更生、艰苦创业，自信、自强、自立的精神；远大理想与现实的统一；对优秀民族精神的传承和对世界优秀文化的借鉴。这种精神是中国人民的宝贵精神财富，是中华民族伟大复兴的精神支柱，是推动历史前进的巨大动力，有了这种精神，才使中华民族历经沧桑而不倒，历经磨难而不亡，永远屹立于世界民族之林。

中国共产党在领导中国人民进行新民主主义革命过程中，经历了北伐战争（1926—1927）、土地革命战争（1927—1937）、抗日战争（1937—1945）和全国解放战争（1945—1949）四个历史阶段。新民主主义革命到新中国建立初期，是中国共产党发挥历史领导作用、称为中国革命中流砥柱角色的历史。在这一时期体现出的中国共产党人的精神，主要有建党精神、井冈山精神、长征精神、延安精神、西柏坡精神、大庆精神、红旗渠精神、抗美援朝精神和"两弹一星"精神等。

建党精神。1921 年 7 月中国共产党在上海成立，当时全国有 300 多个政党，中国共产党在这些政党中，是一个不起眼的小党，只有 50 多名党员，既没有权也没有经费，没有地盘、没有武装，没有几个追随者，还不敢公开活动。党成立活动的最后一天会议被法租界巡捕发现，不得已转移到浙江嘉兴南湖的游船上召开。

南湖这艘小船见证了中国共产党的成立——这一开天辟地的大事变，而被赋予了特殊的意义，中国共产党的伟大建党精神，也被称为"红船精神"。党的十九大闭幕仅一周，习近平总

书记带领新一届中央政治局常委，在一大旧址重温誓词，在南湖红船旁沉思历史，重申了中国革命精神之源"红船精神"。他还指出："开天辟地、敢为人先的首创精神，坚定理想、百折不挠的奋斗精神，立党为公、忠诚为民的奉献精神，是中国革命精神之源，也是'红船精神'的深刻内涵。"

"红船精神"体现了早期共产党人坚定的共产主义政治信仰和远大理想；体现了早期共产党领导人以审时度势、高瞻远瞩的敏锐洞察力，对国内政治形势作出基本正确的判断；体现了百折不挠、勇往直前、自强不息、出生入死的牺牲精神。

井冈山精神。井冈山精神是中国共产党精神之源，是中华民族精神之魂，有着丰富、博大的思想内涵。

井冈山在江西西部，位于罗霄山脉中段，崇山峻岭，林木茂密，地势险要，易守难攻。井冈山上有五井，有井就有水，有水就有人，有人就有村，以井为名叫井冈山。

1927年秋，毛泽东领导的秋收起义部队上了井冈山，建立

了中国第一块农村革命根据地，开辟了"以农村包围城市，武装夺取政权"的革命道路。随后，朱德、陈毅率领南昌起义余部，彭德怀率领平江起义部队上了井冈山，与毛泽东秋收起义部队会合。井冈山聚集着秋收起义、南昌起义和平江起义三支武装力量，整编为红四军，一万余人。

国民党军队多次对井冈山根据地发起军事"围剿"和经济封锁，妄图把红军困死饿死。

井冈山人口不满两千，产谷不满万担，面对的是敌人最残暴的手段，环境之险恶，生活之艰难，斗争之残酷，世所罕见。井冈山军民在粮食、食盐、布匹、药材等生活用品十分困难的情况下，坚持不懈地进行革命斗争，许多优秀儿女参军参战，加入共产党，谱写出不畏难、不怕苦、不怕死的革命壮歌。

在井冈山斗争时期，杨得志上将一家三口随朱德部队上了井冈山，姐夫与哥哥杨得麟血战疆场，最后战死何处至今无人知晓，无处可查。原山西省军区政委郑效峰少将家族参加湘南暴动，后随部队上井冈山，其中有 13 人倒在井冈山，仅剩郑效峰 1 人。

在第三次反"围剿"战斗中，小井红军医院的 130 余名伤病员，因来不及转移，最后全部被敌人枪杀在稻田里。这些牺牲的红军伤员绝大多数连姓名都不知道，直到解放后才查到 16 人的名字，其余均为无名烈士。

在井冈山龙潭口战斗中，红军 28 团 3 营营长萧劲带领 100 多名共产党员组成敢死队，浴血奋战，拼死抵抗。萧营长身负重伤，他把流出的肠子塞进腹部坚持战斗，直到生命最后一刻。

红 11 师师长张子清在一次战斗中身负重伤，连续开刀 6 次。

当时无麻药，战士们凑了点盐给师长洗伤口，师长舍不得用，把这点盐给了其他伤员，自己却因伤口感染不幸牺牲。

在井冈山极端艰苦的环境条件下，红军官兵同甘共苦，一起吃红米饭、喝南瓜汤。为了节约用油，毛泽东晚上办公只点一根灯芯，平时还与官兵一起吃野菜。时年42岁的朱总司令，每天坚持和战士们一起往返100多里下山挑粮。彭德怀原来是湘军上校团长，月薪240多块银圆，出门骑马坐轿，餐餐可以饮酒吃肉，他却抛弃这些优厚待遇，甘愿在革命队伍里过苦日子；上井冈山之后，他率领一支弱小的红军队伍，坚守在五大哨口的弹丸之地，跟强于红军十几倍的敌军浴血奋战。

从实际出发，敢闯新路，开辟一条适合中国革命武装斗争需要的道路，是井冈山精神的核心；艰苦奋斗、勇于奉献、胸怀全局、坚定信念、凝聚人心、鼓舞士气、激励斗志、不怕牺牲，是井冈山精神的灵魂；依靠群众、扎根群众、壮大力量、勇于胜利，是井冈山精神的基石。正如毛泽东《西江月·井冈山》所描述的："山下旌旗在望，山头鼓角相闻。敌军围困万千重，我自岿然不动。早已森严壁垒，更加众志成城。黄洋界上炮声隆，报道敌军宵遁。"这首词是井冈山精神的生动写照。

红军在井冈山革命根据地生存战斗了两年零四个月。井冈山精神像一盏明灯照亮了中国革命前进的方向。井冈山被称为"中国革命的摇篮"，从井冈山走出来的开国元勋和将帅有毛泽东、朱德、彭德怀、林彪、陈毅、罗荣桓、萧华、何长工、陈士渠、邓华、杨得志、陈光、李井泉、萧克、傅钟、谭政等。

长征精神。1934年10月，第五次反"围剿"失败后，中央红军主力被迫撤离苏区，准备与红二、六军团会合，沿途冲破四道封锁线。

红军长征第一战是湘江战役，8.6万红军与国民党40万大军激战6昼夜，每天牺牲1万人，此战役后，红军锐减为3万人，5万多红军将士长眠于湘江两岸。12月，黎平会议后，红军改变原来方案，向贵州腹地进发。1935年1月，红军攻下娄山关，占领遵义城，召开政治局扩大会议，史称遵义会议。遵义会议确立了毛泽东在党和红军中的领导地位。会后，红军四渡赤水、巧渡金沙江、强渡大渡河、翻过夹金山。6月，与四方面军会合，展开了与张国焘分裂主义的斗争。随后，红一、三军团和军委纵队穿过人迹罕见的草地继续北上，先后攻克天险腊子口，翻越六盘山，到达吴起镇与陕北红军会师，中央红军长征结束。

红军长征是严峻的生死考验，步步是险关，处处是绝境，说不完的艰难险阻，道不尽的人间艰辛。

长征路上，国民党 40 万大军围追堵截，天上有几十架飞机轰炸，几乎每天都有遭遇战。红军纵横 11 个省区，先后渡过 28 条号称"天堑"的河流，翻越 18 座峻岭和雪山，跨过方圆数百里的茫茫水草地，进行 600 余次遭遇战，平均每天有一次战斗；突破敌人严密防守的许多雄关隘口，攻占 700 多座县城，击溃国民党数百个团，行程两万五千里，谱写出一曲曲惊天动地的壮歌。

早已为世界熟知的强渡大渡河的 17 位勇士和飞夺泸定桥的 22 位英雄，他们以超人的革命大无畏气概，以血肉之躯为盾牌，为大部队打开一条通道，粉碎了蒋介石让红军当"石达开第二"的企图。

红三军团过草地时，700 多名红军小战士体力严重透支，饥寒交迫，长眠草地。

红三军团有个连队炊事班 9 名炊事员，部队出发时规定每个人挑 40 斤粮食，但把粮食装进铜锅里之后，每人就要挑 60 斤，过雪山时有两个炊事员牺牲了，过草地时又牺牲了几个，到达陕北时，铜锅由司务长担着，战士们见后都流下了眼泪，因为大家心里都明白，9 名炊事员都牺牲了。

红军长征平均每走一天就有 200 人献出生命，平均每走 300 米就有 1 名红军战士倒下。

一寸山河一寸血，成千上万的红军战士牺牲在长征路上。据统计，在长征途中牺牲的营以上干部 400 多名；师级干部牺牲 80 多名，红军出发时 12 名师长，其中 3 人牺牲，9 人负伤；军级干部牺牲 11 名。

长征是历史上无与伦比的革命壮举，是中国共产党及其领导的工农红军创造的人间奇迹，是中华民族一部惊天动地的英雄史诗，是镌刻在中国人民心中不朽的丰碑，是中华民族最宝贵的精神财富。

2000年，美国《时代》周刊在全球范围内组织各个科学领域多名顶级专家，评选历史上1000年来发生的100件大事。评选的标准是每一件事都必须影响人类进程。中国有三件大事入选：第一，北宋时期第一次把火药作为武器运用到军事行动之中，开创了人类热兵器时代；第二，成吉思汗的骑兵打通了东西方文化的通道，让东西方文化有了交融的可能性；第三，就是红军长征，其理由是曾经有几万人跋山涉水，死里逃生，身陷绝境，到最后绝地重生，永不言败，永不放弃。这些事件，都是推动人类文明进步的宝贵精神力量。

延安精神。1935年10月19日，中共中央和中央红军到达陕北。当时军事形势十分严峻，北靠沙漠，有国民党八十四、八十六师和阎锡山的晋绥军5个旅；西边是人烟稀少的回民区，有敌人2个师；南边是国民党西北大本营西安，东北军和第十七路军的8个师在这里驻守；东边是黄河天险。从延安到西安的公路被敌人控制，共产党领导的红军生存环境严峻，面临生死考验。国民党蒋介石认为，红军到陕北根本无法生存，不饿死也得穷死。

中共中央和中央红军在陕北的13年间，办了六件大事：一是广泛开展统一战线，指导抗日；二是创办抗日军政大学，培养人才；三是进行延安整风，加强党的自身建设；四是召开延安文艺座谈会，解决文艺为工农兵服务问题；五是开展南泥湾大生产运动，解决国民党经济封锁问题；六是召开党的第七次全国代表大会，确立党的领导核心，制定党的路线方针。在此期间，共产党员由抗战开始的 4 万余人迅速发展到 120 万人；军队则由刚到陕北的 3 万人发展到 200 万人。延安是共产党领导抗日战争的指挥中心；是毛泽东思想形成的地方；是马克思主义同中国实际相结合第一次飞跃的地方；是以毛泽东为核心的第一代中央领导集体形成的地方。有关中国革命前途命运的一系列重大决策在延安确立，为夺取全国政权奠定了坚实基础。

延安人民养育了共产党，养育了八路军，共产党在这里培育了延安精神。在延安，有风清气正的十个方面体现：一没有贪官污吏；二没有土豪劣绅；三没有赌博；四没有娼妓；五没有小老婆；六没有叫花子；七没有结党营私之徒；八没有萎靡不振之气；九没有吃摩擦饭；十没有发国难财。这里是一个党正、军严、政通、人和、风气纯正、充满生机与活力的新民主主义社会，是最有魅力、人民最向往的地方。

延安精神的核心内容是坚定正确的政治方向，实事求是的思

想路线，全心全意为人民服务的宗旨，艰苦奋斗、自力更生的创业精神。延安精神是我们党的性质和宗旨的集中体现，是党的优良传统和作风的具体体现，具有超越时空的恒久价值和旺盛的生命力。

西柏坡精神。西柏坡是河北省平山县境内的一个村庄，距石家庄200公里，位于太行山下，群山环绕，地处古长城隘口，是"抗日模范村"。电影《红旗谱》里的朱老忠就是这里的第一批共产党人。著名音乐家曹火星创作的歌曲《没有共产党就没有新中国》，"子弟兵母亲"戎冠秀，《白毛女》的故事都诞生在这里。

就是这样一个小山村，成为解放全中国的最后一个农村指挥所，决定中国两种前途、两种命运的最后战略决战，都是在这里指挥展开的。

1948年5月，毛泽东、周恩来、朱德、刘少奇、任弼时五大中央书记先后来到西柏坡，在这里住了10个月，指挥了辽沈、淮海、平津三大战役，使国民党赖以生存的精锐部队基本归于崩溃。周恩来同志曾风趣地说："我们这个指挥部是世界上最小的指挥部，我们一不发人，二不发枪，三不发粮，天天发电报，就把敌人打败了。"毛泽东在这里的300多个日日夜夜里，为指挥三大战役写了190多份电报，用了142天，歼灭国民党军154万人，这在世界战争史上是个奇迹。

西柏坡召开了全国土地会议，召开了党的七届二中全会，筹划新中国的诞生，制定了建国方略，奠定了新中国基石。

西柏坡时期是中国共产党从胜利走向胜利的关键时刻，是

伟大的历史转折时期。在西柏坡产生了将革命进行到底，敢于斗争、敢于胜利的进取精神；提出夺取全国胜利，只是万里长征走完了第一步，革命以后的路更长，工作更伟大，更艰苦；提出务必使同志们继续地保持谦虚、谨慎、不骄的作风，务必使同志们继续地保持艰苦奋斗的作风的"两个务必"，告诫全党不要当李自成，永葆革命本色，避免重蹈"其亡也忽焉"的历史覆辙。

西柏坡精神是中国共产党直接从事武装斗争 20 余年、积累了丰富斗争经验的产物，是党的优良传统和作风在重大历史转折关头的一次大检验、大总结、大发展，是党在长期革命斗争中锻造的革命精神的一次大升华，是不朽的精神丰碑。

在社会主义建设时期，中国共产党人继承和发扬党的光荣传统，形成具有时代特点的大庆精神、红旗渠精神、抗美援朝精神、"两弹一星"精神等一系列精神，这些精神是中华儿女建设祖国、振兴中华的历史见证，是中华民族精神的传承。

大庆精神。二十世纪五六十年代，年轻的共和国百废待兴，悄然崛起的国民经济遭遇石油瓶颈。摆在国人面前的石油基础如此薄弱：全国年产石油只有 12 万吨，"中国贫油"似乎已成定论。经过勘察发现东北大庆地下储藏石油。

早春的东北，天寒地冻，石油工人一无房屋，二无床铺，更缺乏必要的机械设备。工人们千军万马，人拉肩扛，硬是在荒凉的松嫩平原上干出了大庆油田。在石油会战中，涌现出以王进喜、马德仁等为代表的"五面红旗"。在"宁肯少活二十年，拼命也要拿下大油田"的誓言下，提出了"石油工人一声吼，地球也要抖三抖"的创业口号。王进喜带领 1205 钻井队，创造了 5天零 4 个小时钻完 1020 米设计井深的最高纪录。在突发井喷时，为保住钻机和设备，王进喜和工友们跳进泥浆池，用身体搅拌，被人们称为"铁人"。"有条件要上，没有条件创造条件也要上""三老四严""四个一样"等大庆精神在油田奋斗中形成。

王进喜

靠着这种精神，经过一年的勘探开发，到1960年底基本探明全部油田的面积和储量；3年后，大庆油田生产基地基本建成。1963年，中国终于甩掉了贫油的帽子，基本实现了石油自给。

大庆油田从发现、开发建设到1983年，共为国家生产原油9亿多吨，财政上缴800多亿元，出口原油1.05亿吨，换取外汇242亿美元，成为举世闻名的石油化工基地。

大庆精神是大庆人奉献给中华民族宝贵的精神财富，是中华民族传承的珍贵精神遗产，体现了为国争光、为民族争气的爱国精神；体现了艰苦奋斗、不畏艰难的创业精神；体现了讲究科学、"三老四严"的求实精神；体现了埋头苦干、无私奉献的献身精神。这些精神，概括起来就是"爱国、创业、求实、献身"精神。1964年，毛泽东为此发出号召"工业学大庆"，随后，大庆精神成为全国工业战线的学习榜样。

大庆精神来之不易，是在党和国家领导人亲切关怀下，大庆人用勤奋和汗水铸就的，构成大庆精神精髓的爱国精神、创业精神、求实精神、献身精神超越时空，成为推进经济发展的强大精神动力，具有新的时代价值和意义。

红旗渠精神。河南林县十年九旱，水贵如油。曾有这样一首民谣在林县广为流传："咱林县，真可怜，光秃山，旱河滩。雨大冲得粮不收，雨少旱得籽不见。一年四季忙到头，吃了上碗没下碗。"缺水是制约林县人民生存和发展的最大障碍。如何改变这种面貌？20世纪60年代，在林县县委书记杨贵的率领下，林县人民在生产力水平相当低下的条件下，依靠自身力量，克服重重困难，以气吞山河、战天斗地的英雄主义气概，用双手和钢钎、铁锤，历经10年寒暑，在悬崖峭壁上开凿了举世闻名的人工天河——红旗渠。

修建红旗渠，从开始的这一天起，就决定了它是一场艰苦卓绝的斗争。因为，这时正处于极端困难的三年自然灾害时期。林县人民在没有任何机械设备，在每天很少口粮的情况下，在极其险恶的大自然中，开始了一项创世纪纪录的伟大工程。

红旗渠的修建用了10年时间，它是林县整整一代人用青春、鲜血和生命铸就的。在修建这一宏伟工程的过程中，林县人民踏平了1250座山头，钻透了211个隧洞，架起了152座渡槽，

挖砌土石 1818 万立方米，相当于修了一道从哈尔滨到广州高 3 米、宽 2 米的"万里长城"。红旗渠的建成，解决了林县 60 万人民群众的饮水困难，创建了人间奇迹。周恩来总理曾经十分自豪地向国际友人介绍说："新中国有两大奇迹，一个是南京长江大桥，长江大桥的建设是举国之力；一个是林县的红旗渠，红旗渠是英勇的林县人民靠双手建成的。"与此同时，在这场气壮山河的伟大实践中，孕育形成的"自力更生、艰苦创业、团结协作、无私奉献"的红旗渠精神，为子孙万代留下了宝贵的精神财富。外国人称赞：红旗渠是世界第八大奇迹！到中国不看红旗渠，等于没到过中国！

红旗渠的建设，是林县人民在粮食短缺、物质匮乏的极端艰苦条件下，自带工具、自备干粮，石灰自己烧、水泥自己造，硬是凭着自己的一双手、一副铁肩膀、一身志气，以"没有资金自己找，没有工具自己造，没有房铺凿山岩，粮食不够吃野菜"的毅力和决心，战天斗地、百折不挠的艰苦创业精神，修成了长达 1500 多公里的人工天河，创造了人类改造自然的伟大奇迹。在完成这一宏伟工程中，共有 189 名英雄儿女献出了宝贵生命，256 名民工重伤致残，这是用生命和鲜血换来的人间奇迹。习近平总书记指出："红旗渠精神是我们党的性质和宗旨的集中体现，历久弥新，永远不会过时。"红旗渠始于悲壮，终于辉煌，凭一县之力，积十年之功，成就千秋伟业。红旗渠精神既充满了中华儿女的豪情壮志，又体现了中国人民的崇高的理想追求。

抗美援朝精神。1950 年 6 月 25 日拂晓，朝鲜战争爆发。1950 年 10 月 8 日，毛泽东签发了《关于组成中国人民志愿军参战的命令》。10 月 19 日，彭德怀率领志愿军 4 个军、3 个炮兵师、1 个高炮团约 26 万人，秘密渡过鸭绿江入朝作战。先后经历五次战役，于 1953 年 7 月 27 日迫使美国停战，在板门店签订停战协议。

抗美援朝战争的胜利，使神州大地上"崇美、亲美、恐美"的空气一扫而光，打破了美帝国主义不可战胜的神话，极大地激发了中国人民的爱国热情。抗美援朝战争，打出了中国军队一百多年来在世界战争舞台上的威风，打出了持续整整半个多世纪中国东部边境的稳定。

抗美援朝战争是在敌强我弱的情况下，打的一场精神战、士气战，尤其是上甘岭战役、长津湖战役的胜利，给敌人以极大的震撼，美军至今念念不忘中国军队创造的奇迹。

在波澜壮阔的抗美援朝战争中，英雄的中国人民志愿军始终发扬祖国和人民利益高于一切、为了祖国和民族的尊严而奋

不顾身的爱国主义精神，英勇顽强、舍生忘死的革命英雄主义精神，不畏艰难困苦、始终保持高昂士气的革命乐观主义精神，为了完成祖国和人民赋予的使命、慷慨奉献自己一切的革命忠诚精神，为了人类和平与正义事业而奋斗的国际主义精神。这就是伟大的抗美援朝精神。

"两弹一星"精神。20世纪50年代末至70年代初，在党中央的正确领导下，我国科技工作者依靠自己的力量，经过无数人的不懈奋斗，1964年10月16日，我国第一颗原子弹爆炸成功；1966年10月27日，我国第一颗装有核弹头的地地导弹飞行爆炸成功；1967年6月17日，我国第一颗氢弹空爆试验成功；1970年4月24日，我国第一颗人造卫星发射成功；1971年9月我国第一艘核潜艇下水。中国人以超人的胆识和智慧，完成了人类文明史上勇攀科技高峰的壮举。正如邓小平同志所说："如果六十年代以来中国没有原子弹、氢弹，没有发射卫星，中国就不能叫有重要影响的大国，就没有现在这样的国际地位。"

拥有了核武器，有力打破了大国的核垄断和核讹诈，提高了我国的国际地位。

伟大的事业产生伟大的精神，"两弹一星"精神集中体现在广大科研工作者培育和发扬了一种崇高的精神，这就是热爱祖国、无私奉献、自力更生、艰苦奋斗、大力协同、勇于攀登的精神。

许多功成名就、才华横溢的科学家放弃国外优越的条件，义无反顾地回到祖国，把自己的理想与祖国的命运紧紧联系在一起，把个人志向与民族振兴紧紧联系在一起。许多科研工作者甘当无名英雄，隐姓埋名，默默奉献，有的甚至献出了自己的宝贵生命。许多科研工作者在茫茫无际的戈壁荒原，在人烟稀少的深山峡谷，风餐露宿，不辞劳苦，克服了难以想象的艰难险阻，经受住了生命极限的考验。他们以超人的胆识和智慧，依靠有限的科学试验手段，顽强拼搏，奋发图强，锐意进取，突破一个个技术难关，取得了"两弹一星"事业的伟大胜利。他们用热血和生命谱写了一部为祖国、为人民鞠躬尽瘁、死而后已的动人诗篇。

"两弹元勋"邓稼先，在新中国诞生不久，谢绝美国恩师的挽留，毅然回到祖国的怀抱。1958 年 8 月，他奔向飞沙走石的戈壁滩核试验场，整整过了 8 年单身汉生活。在中国进行的 45 次核试验中，邓稼先参加过 32 次，其中 15 次由他现场指挥。1979 年，一次空投核弹试验出现故障，作为这次核弹试验签字

邓稼先

负责人的邓稼先不顾个人安危，坚持到实地查看核弹具体情况，他明知道那是死亡之地，有严重的核辐射，但他还要亲自去查看，用双手捧起含有强辐射的核弹片。

在随后的一次住院检查中，邓稼先身体各项指标均不正常。1985年国庆节那天，在癌症扩散无法医治的时候，邓稼先提出要去看看天安门。邓稼先临终前提出了关于中国核事业发展的建议书，其中有一句话："不要让人家把我们落得太远……"邓稼先逝世时年仅52岁。

直到邓稼先去世，人们才知道他的名字，才知道他为中华民族核事业作出了重大贡献，才知道他为我国国防事业默默奉献的故事。

正是像邓稼先这样的一大批科技工作者，在新中国最困难的时候，挺身而出，舍生忘死，顽强拼搏，创造了"两弹一星"的科学奇迹，形成了激励后人的"两弹一星"精神。

社会主义公有制不能丢

社会主义公有制不能丢

作为占世界人口近四分之一的中国走上社会主义道路，是20世纪中国乃至世界发展进程中一个极其伟大的事件，它从根本上改变了中国历史发展的方向，对世界历史进程产生了深刻的影响，对今天中国特色社会主义事业的开创和推进，具有重要和深远的历史意义和现实意义。

早在革命战争年代，毛泽东就提出了中国革命的前途，即通过新民主主义革命，最终建设社会主义和共产主义。新中国成立后，毛泽东成功地领导和开辟了中国社会主义改造和革命的道路，创建并不断完善社会主义经济制度以及与之相适应的政治制度，开展了大规模的社会主义经济、政治和文化建设，奠定了社会主义的制度前提、思想保证、物质基础，创造了中国社会主义建设的有利外部环境。

毛泽东领导全党和全国人民在极其艰苦的条件下，迅速实现了国民经济的全面恢复和快速发展。紧接着，毛泽东开始思考中国向社会主义转向的问题。1952年9月24日，他在中央书记处会议上提出"中国怎样从现在逐步过渡到社会主义去"的战略思考。1953年12月，毛泽东完整地提出了党在社会主义过渡时期的总路线："从中华人民共和国成立，到社会主义改造基本完成,这是一个过渡时期。党在这个过渡时期的总路线和总任务,是要在一个相当长的时期内,逐步实现国家的社会主义工业化,并逐步实现国家对农业、手工业和资本主义工商业的社会主义改造。"

在毛泽东的领导下,我国开展了对生产资料私有制的社会主义改造运动,成功地开辟了中国社会主义改造和革命的道路。个体农业遵循自愿互利、典型示范和国家帮助的原则,创造了从临时互助组发展到初级农业生产合作社,再发展到高级农业生产合作社的社会主义集体所有制形式;在对手工业和其他个体经济的社会主义改造中,采取合作化的形式,组成合作商店或合作小组,采取便利消费者的分散流动经营方式和符合社会需求的经营特点;在对资本主义工商业进行社会主义改造的过程中,采取利用、限制、改造的政策,把资本主义转变为国家资本主

义，并用和平赎买、全行业公私合营等方式，使资本主义私有制转变为社会主义公有制。这些都是适合我国国情的社会主义改造的重要创举。

1956 年底，生产资料私有制的社会主义改造取得了决定性胜利，社会主义性质的国营经济、合作社集体经济和公私合营经济占到了国民经济的 92.9%；农村基本上实现了土地公有，96.3% 的农户加入了农业生产合作社，建立起了社会主义集体经济，以国营经济和集体经济为主体的社会主义经济制度基本确立。

正是这些正确决策，使我国在短时期内顺利完成了如此巨大的社会变革，这在世界历史上是罕见的。虽然三大改造运动中也存在过急过快、"一大二公"等情况和问题，但社会主义最基本的经济制度始终没有发生大的改变并且不断得到巩固。

三大改造的成功，在中国确立了社会主义制度，奠定了中国进步和发展的基础，开创了全面建设社会主义新时期。

在这个过程中，从理论上和实践上，实现了五个方面的突破：第一，在国家工业化建设和社会主义改造的关系上，突破了先打基础再过渡的框框，创造了工业化和改造同时并举的道路；第二，在向社会主义过渡的方式上，突破了一举过渡的框框，变成逐步过渡，瓜熟蒂落，水到渠成；第三，在农业社会主义改造上，突破了先机械化后集体化的框框，创造出初级社、高级社等适应不同生产力发展水平和地区特点的过渡形式；第四，在资本主义工商业改造上，突破了单一国有化的框框，创造出从初级到高级的各种国家资本主义的过渡形式，实现了对资产阶级的和平赎买，避免了"流血革命"；第五，在公有制的实现形式上，突破了单一国有制，形成了国营经济、公私合营经济、集体所有制经济"三足鼎立"的格局。

"五个突破"集中到一点，就是在一个政治经济文化落后的农业大国，走出了一条向社会主义社会过渡的新路，解决了社会变革与物质基础、和平过渡与阶级斗争的矛盾问题。

通过社会主义改造，社会主义公有制第一次在古老的中国大地上建立起来，并成为中国社会主义经济制度的基础。这是中国共产党的成功，也是毛泽东的成功。

毛泽东同志对马克思主义、对社会主义和对共产主义最伟大的理论贡献：一是实现了马克思主义与中国革命实践的第一次结合；二是提出并初步探索了马克思主义与中国建设实践的第二次结合。第一次结合的主题是找到了中国自己的革命道路；第二次结合为新的历史时期开创中国特色社会主义提供了宝贵经验和理论准备。

实现马克思主义与中国实际的第二次结合，走适合中国特点的社会主义道路，必须弄清中国社会主义建设所面临的国情，只有弄清国情，从实际出发，才能真正实现第二次结合。

1956 年 3 月 12 日，在中共中央政治局会议上，毛泽东同志提出应该自己开动脑筋，解决革命和建设问题。同年 3 月 24 日，毛泽东同志在中央书记处扩大会议上又提出："把马克思主义的基本原理，同中国革命建设的具体实践结合起来，探索在我国建设社会主义的道路。"

1956 年 4 月 4 日，毛泽东同志明确提出第二次结合的问题：

"最重要的是独立思考，把马列主义的基本原理同中国革命和建设的具体实际相结合。民主革命时期我们吃了大亏后，才成功地实现了这种结合，取得了新民主主义革命的胜利。现在是社会主义革命和建设时期，我们要进行第二次结合，找出怎样建设社会主义的道路。"

社会主义基本制度建立起来了，怎样走好自己的道路，怎样巩固和完善社会主义基本制度？怎样推动中国社会主义革命和建设事业的不断发展，这是摆在中国共产党面前需要继续探索的重大问题。

一、依据中国国情，提出了社会主义建设的总目标。新中国成立初期，毛泽东同志提出"三年五年恢复，十年八年发展"的规划，三五年计划完成过渡任务的战略。1957 年春天，毛泽东同志指出：要向自然界开战，发展我们的经济，发展我们的文化，巩固我们的新制度，建设我们的新国家。并提出要"建设一个具有现代工业、现代农业和现代科学文化的社会主义国家"。

1959 年底 1960 年初，毛泽东同志指出："建设社会主义，原来要求是工业现代化、农业现代化、科学文化现代化，现在要加上国防现代化。"这样，他第一次完整地表述了比较规范的"四个现代化"构想。

关于"四个现代化"的实现构想，毛泽东同志在最初提出大概经过 50 年建成强大的社会主义工业化国家后，1956 年党的八大期间又说：使中国变成富强的国家需要 50 年至 100 年时光。他在 1962 年"七千人大会"讲话指出：中国人口多，底子薄，经济落后，要使生产力发展，赶上和超过世界上最先进的资本主义国家，没有 100 年时间，是不行的。这实际上提出了实现民族复兴的奋斗目标。

周恩来总理在 1964 年底政府工作报告中，提出了"两步走"的战略步骤：第一步，用 15 年时间，建成一个独立的比较完整的工业体系和国民经济体系；第二步，力争在 20 世纪末，全面实现农业、工业、国防和科学技术的现代化，使我国国民经济走在世界前列。这是党和政府最早正式提出的实现社会主义现代化的宏伟蓝图。

二、依据中国国情，提出了社会主义民主政治建设的总方针。新中国成立以后，毛泽东同志就一直致力于探索社会主义政治发展道路，提出要形成一种有利于社会主义建设的良好政治局面。1957 年他提出了社会主义民主政治建设的总目标：要造成一个又有集中又有民主，又有纪律又有自由，又有统一意志，又有个人心情舒畅、生动活泼，那样一种政治局面。

怎样形成良好的政治局面呢？毛泽东在《论十大关系》中，开宗明义地提出了一个基本方针："就是要把国内外一切积极因素调动起来，为社会主义事业服务。""要调动一切直接的和间接的力量，为把我国建成一个强大的社会主义国家而奋斗。"为调动一切积极因素，毛泽东提出要处理一系列重要的政治关系，他所论述的十大关系，其中有五个方面与政治建设有关，即：汉族和少数民族的关系、党和非党的关系、革命和反革命的关系、是非关系、中国和外国的关系。围绕这个基本方针，毛泽东在社会主义民主政治建设问题上，提出了一系列重要观点：在国家的根本政治制度上，必须牢牢坚持人民民主专政，实行人民代表大会制度；在中国共产党和民主党派的关系上，必须加强中国共产党领导下的多党合作和政治协商制度，共产党和民主党派要实行"长期共存，互相监督"的方针，并作了精辟诠释。他说："到底是一个党好，还是几个党好？看来还是几个党好。共产党要万岁，民主党派也要万岁。"而互相监督主要是让民主党派监督共产党。他还说："要唱对台戏，唱对台戏比单干好。"这是毛泽东首创的"三三制"政权思想。他认为，国事是国家的公事，不是一党一派的私事。因此，共产党员只有对党外人士实行民主合作的义务，而无排斥别人、垄断一切的权利。在民族问题上，他坚决实施区域自治制度，推动民族地区的民主改革，促进少数民族经济文化发展，反对大汉族主义和地方民族主义。

毛泽东对社会主义民主法制高度重视。他多次强调，在国家政治生活中要扩大党内民主和社会民主，把坚持民主集中制和发扬社会主义民主上升到巩固国家政权的高度。没有民主集中制，无产阶级专政不可能巩固。在法制问题上，他强调必须反对官僚主义，逐步健全社会主义法制，真正做到有法可依，违法必究。

三、依据中国国情，提出摆脱苏联建设社会主义的模式。中国社会主义制度刚刚确立，全面大规模的社会主义建设正待起步之际，中国面临的第一个问题，就是如何摆脱苏联模式，找到一条适合中国国情的社会主义建设道路。此前，中国许多体制模仿苏联，主要是因为与苏联关系友好，而我国毫无建设社会主义的经验，马克思经典著作也无现成的答案，可借鉴的只有苏联的经验。在实践中，毛泽东同志和党中央逐渐发现苏联的模式有许多弊端。

1956年2月，苏共二十大的召开，促使毛泽东同志进一步思考。用他当时的话说：苏共二十大一是揭开了盖子，二是捅了娄子。揭开了盖子指斯大林及苏联的一些做法不是没有错误，搞社会主义建设不一定全照苏联那一套公式。说揭开盖子的好处就是打破了"紧箍咒"，破除了迷信。正如每个人的面目不同，每一棵树长得也不一样，各国也有各国不同情况，要讲个性，没有民族特点的道路走不通。毛泽东同志还说，以前没有经验，只好模仿苏联，束缚了自己的积极性、创造性，现在我们有了初步的实践，又有苏联的经验教训，更应该从自己的国情出发，找出自己在中国这块大地上建设社会主义的具体道路。毛泽东在

《论十大关系》的讲话中告诫我们："最近苏联方面暴露了他们在建设社会主义过程中的一些缺点和错误，他们走过的弯路你还想走？过去，我们就是鉴于他们的经验教训，少走了一些弯路，现在当然更要引以为戒。"

毛泽东同志在修改党的八大政治报告时写道："我国是一个东方国家，又是一个大国，在社会主义改造和社会主义建设的过程中，带有自己的许多特点，而且在将来建成社会主义社会以后还会继续存在自己的许多特点。"因此，他强调全党必须以苏为戒，以苏为鉴，独立自主地探索适合中国国情、具有中国特色的社会主义建设道路。

四、依据中国国情，提出发展社会主义文化建设的战略思考。文化是一个民族的血脉，是人民的精神家园，是推动国家发展和民族振兴的强大力量。作为新中国的主要缔造者和领导人，毛泽东同志非常重视文化建设，以马克思主义的立场、观点深刻阐述了新中国文化建设的重要地位和作用，明确了文化为人民大众服务的发展方向。

毛泽东同志亲自主持把马克思主义作为指导思想写进了新中国的首部宪法当中，使作为领导阶级的工人阶级的世界观方法论——马克思主义成为社会主义国家意志，使党的指导思想上升为国家的主流意识形态，形成了中国社会主义文化建设的核心内容和根本原则。他从中国社会主义制度长远发展的战略高度，强调共产主义理想信念教育，提出了培养共产主义接班人的重大历史任务、"又红又专"接班人标准，特别是明确提出了社会主义文化发展中判别大是大非的六条标准，即有利于团结全国各族人民、有利于社会主义改造和社会主义建设、有利于巩固人民民主专政、有利于巩固共产党的领导、有利于巩固民主集中制、有利于社会主义的国际团结和全世界爱好和平人民的国际团结，并特别强调：这六条标准中，最重要的是社会主义道路和党的领导两条。

毛泽东同志创造性地提出了繁荣发展社会主义文化的根本方针，明确了古为今用和洋为中用的基本原则，拓展了民族文化前进的道路；制定了"百花齐放，百家争鸣"的文化发展方针，繁荣文化艺术、发展科学技术，提出"向科学进军"口号，开创了中华文化发展的崭新时代。

"双百"方针的提出，立即在知识界引起强烈反响，文化事业出现了生气勃勃的发展景象，极大地促进了文学、艺术、哲学、社会科学、自然科学、技术科学的发展和繁荣，取得了令人

瞩目的成就。

五、依据中国国情，提出关于解放与发展生产力的思想。毛泽东创建中国特色社会主义制度的目的，一是解放与发展生产力；二是让劳动人民摆脱剥削和压迫，提高生活水平，消除贫富分化，逐步实现共同富裕；三是建立独立、富强、文明、公平正义的新中国。他从中国国情出发，在不同历史阶段，重视解放与发展生产力。他提出：只有完成了由生产资料的私人所有制到社会主义所有制的过渡，才利于社会生产力的迅速向前发展，才能满足人民日益增长的物质文化需要，提高人民的生活水平。

毛泽东同志在《关于农业合作》一文中，提出了共同富裕的概念，他说：逐步地实现对于整个农业的社会主义的改造，即实行合作化使全体农村人民共同富裕起来。这里所讲的共同富裕的概念，需要进行一些分析：第一，实行农业合作化，走社会主义道路，会消灭贫富分化，走向共同富裕，这是社会主义的根本方向。第二，这里所讲的富裕是与贫困相对的概念。当时农业生产力还很落后，多数农民的生活水平处于贫困状态。毛泽东还讲到：全国大多数农民，为了摆脱贫困、改善生活，为了抵御灾荒，只有联合起来，向社会主义大道前进，才能达到目的。

毛泽东同志当时将农村阶级区分为广大贫下中农、中农、少数富农和富裕中农，农业合作化，消除贫富差别，使全体农村人民共同富裕起来，其目的是达到富裕中农的富裕水平。这和我们现在所致力于走向共同富裕的涵义是有差别的。毛泽东的经济思想，无论是搞新民主主义，还是搞社会主义，都强调抓两大环节：一是大力发展生产力，发展社会主义经济；二是致力于改善人民生活，提高生活水平。特别是搞社会主义，要通过快速发展生产力，消除贫富分化，走向共同富裕。

1953 年 12 月，中国进入向社会主义过渡的时期，毛泽东同志指出：建立社会主义所有制，才有利于社会生产力的迅速发展，才能满足人民日益增长的物质文化需要，提高人民的生活水平。同时他指出，迅速发展生产力，才能增强国防、反对帝国主义的侵略、巩固人民政权，这都是与人民利益相关的事情。他还指出，进行社会主义改造，就是为了走向共同富裕。

在所有制结构问题上，起初毛泽东的确是想建立一种纯粹的社会主义，让资本主义绝种，让小生产绝种。但在实践探索的启示下，他改变了这种想法。1956 年底，他同工商界人士谈话时提出，我国的自由市场，因为社会有需要就发展起来。要使它成为合法化，可以雇工，可以开私营工厂，可以开设投资公司，可以消灭了资本主义又搞资本主义。他把这种情况称作新经济政策，认为应该实行相当长的一个时期，并且怀疑俄国的新经济政策结束得早了。

毛泽东同志提出了社会主义商品生产的概念。他认为，中国商品生产还很落后，还要大力发展，特别强调农村应当在发展自给性生产的同时，多搞商品生产，多生产能够交换的东西，但不能剥夺农民，要反对平均主义。他指出：现在要利用商品生产、商品交换和价值法则，作为有用的工具，为社会主义服务。

毛泽东同志提出了国家、集体和个人利益相结合的"三兼顾"原则。解决这三个层次矛盾的根本方法是统筹兼顾、适当安排。一方面，国家要兼顾企业（集体）和个人利益，企业要照顾生产者个人的利益；另一方面，当发生矛盾冲突时，企业（集体）利益要服从国家利益，生产者个人利益要服从集体的和国家的利益。这一思想是社会主义经济理论的新成果，具有重大现实意义。

毛泽东同志指出：搞社会主义建设，很重要的一个问题是综合平衡。他说："有三种平衡：农业内部，林、牧、副、渔的平衡；工业内部各部门、各个环节的平衡；工业和农业的平衡。整个国民经济的比例关系是在这些基础之上的综合平衡。"

六、依据中国国情，提出了继续革命的理论。在社会主义经济基础建立以后，毛泽东洞察到修正主义的存在、官僚主义的存在、资本主义复辟可能性存在，于是就着手开始对上层建筑进行改造，开展"四清"、社会主义教育运动，目的就是要在思想领域树立社会主义的意识形态。

毛泽东同志说："一想到建立红色政权牺牲了那么多的好青年、好同志，我就担心今天的政权。一般党员和普通老百姓没有什么权利，你提意见，他们不听。官僚主义作风反了多次，还是存在，官僚主义思想也比较严重，打击迫害、假公济私、忽'左'忽右、形'左'实右的事有没有？这样的事情，你们知道的比我多，报喜不报忧，也是官僚封建东西；做官的有特权，有政治需要、人情关系；县官不如现管，假话满天飞；这些很容易造成干部腐化和变质，这一代不变，下一代、下几代会不会变？有变的社会基础嘛？苏联就是教训，我很担心高级干部中出修正主义，中央出修正主义怎么办？有没有制度管住他们？像'二十三'条讲的，这里绝大多数干部，包括党的高级干部，是个人认识问题，还是教育提高的问题，怎样教育提高？对那些官僚主义分子、修正主义分子单靠教育行吗？恐怕不行，要发挥人民群众的主体性作用，让人民群众来监督他们、罢免他们。社会主义是靠群众来保证的，不是靠少数先进分子保证的。何况，先进就是一直会先进吗？"

毛泽东曾对身边的工作人员说："仗我们是不怕打的，帝国主义要想和平演变我们这一代人也难；可下一代、再下一代就不好讲了。中国人讲'君子之泽，五世而斩'，英国人说'爵位不传三代'；到我们的第三代、第四代人身上，情形又会是什么样啊？我不想哪一天，在中国的大地上再出现人剥削人的现象，再出现资本家、企业主、雇工、妓女和吸食鸦片烟；如果那样，许多烈士的血就白流了……"

党的十八大以来，党中央加大了反腐斗争力度，被审查、被判刑的官员一批又一批。他们当中有中央政治局委员、中央委员、中央候补委员、军队高级将领、省部级干部等，如果当初听毛泽东一句话，取得了政权，当了大官，手中有了巨大的支配资源的权力，还要继续革命，还要思想改造，还要学习，还要绷紧思想防线这根弦，警钟长鸣，不忘防止资产阶级糖衣炮弹的攻击，就不会出现如此悲惨的境遇。50年后验证了毛泽东同志的预言：他们在拿枪的敌人面前不愧于英雄的称号，但在不拿枪的敌人面前，在糖衣炮弹面前，却打了败仗。要继续革命，这是一个政党的生命，这是一个政党永远立于不败之地的最大底气。

七、依据中国国情，提出了中国外交工作的总方针。以毛泽东同志为核心的党的第一代中央领导集体，确立了"互相尊重主权和领土完整、互不侵犯、互不干涉内政、平等互利、和平共处"五项新中国处理国际关系的基本原则。在此原则下，在坚持独立自主、自力更生，不损害国家主权条件下，要努力争取外援；争取外援的目的是为了增强本国自力更生的能力。要学习外国一切有益的东西，吸收外国资金和科学技术，借鉴外国的先进管理经验。

在新中国成立前后，毛泽东同志提出"一边倒"的方针，是指在政治上同资本主义国家划清界限，而在经济上仍要与西方国家进行贸易交往。此后，他一再强调，我们的方针是，一切外国人的长处包括政治、经济、技术、文学、艺术的一切好东西都要学；但不能盲目学，要独立思考。他主张把自力更生与学习外国经验结合起来，认为对外国的东西不加分析一概排斥和不加分析一概照搬都是不正确的，提出了"以自力更生为主、争取外援为辅"的基本路线，强调必须破除迷信，独立自主地干工业、干农业、干科技革命和文化革命，打倒奴隶思想，埋葬教条主义，要学习外国好的经验，也要研究外国的坏经验。

在世界总格局上，毛泽东提出了"三个世界"划分的战略思

想，加强同广大第三世界的团结，争取第二世界国家，反对超级大国的控制，反对殖民主义、帝国主义和霸权主义，着力改善和发展同新兴民族独立国家尤其是邻近国家的关系。在党际关系上，强调各个国家的共产党是兄弟党的关系，而不是父子党的关系。

毛泽东和党中央一方面坚持独立自主、自力更生的方针，另一方面灵活巧妙地开展一系列卓有成效的反封锁反禁运斗争。不论是建交的还是未建交的国家，只要尊重中国的独立和主权，就积极发展与他们的贸易来往。经过长时间、艰苦的外交斗争，在 1971 年第 26 届联合国大会上成功恢复中华人民共和国在联合国的一切合法权利，取得了外交工作的重大突破，随之又启动了中美关系、中日关系正常化的历史进程。这些重大成果极大地改善了中国的安全环境，拓展了中国的外交舞台，为开展社会主义建设创造了较好的国际环境。

八、依据中国国情，提出了以公有制为主体的基本经济制度。习近平总书记指出："毛泽东同志毕生最突出最伟大的贡献，就是领导我们党和人民找到了新民主主义革命的正确道路，完成了反帝反封建的任务，建立了中华人民共和国，确立了社会主义基本制度，取得了社会主义建设的基础性成就，并为我们探索建设中国特色社会主义的道路积累了经验和提供了条件，为我们党和人民事业胜利发展、为我们中华民族阔步赶上时代发展潮流创造了根本前提，奠定了坚实的理论和实践基础。"

中国特色社会主义制度，涵盖政治、经济、教育、文化、科技、国防、外交等方方面面，是中国共产党带领全国各族人民在披荆斩棘、艰苦探索的实践中建立起来的，是一个"为人民谋幸福，为民族谋复兴，为世界谋大同"的制度，这个制度具有鲜明的民主性、民族性特色，蕴含着中华民族的历史文化传统和灿烂政治文明，反映了中国人民宽广而纯洁的精神世界。

习近平总书记指出："治理国家，制度起根本性、全局性、长期性作用的。""制度稳则国家稳，制度强则国家强。"制度本身就是一个国家强盛与否的重要标志。

社会主义制度是人类社会发展的必然，是国家走向共同富裕的基础，是人民当家作主的制度，是人类最为文明、最为进步的制度。

社会主义制度吸收全人类创造的一切文明成果，它包括资本主义条件下形成的科学的、进步的、适应有利于发展生产力的积极成果。社会主义的本质是开放的、发展的，而不是封闭的、保守的。

马克思主义告诉我们：一个国家的社会形态或社会制度，是由其经济基础与上层建筑以一定形式相结合而形成的。在当代，看一个国家是资本主义的还是社会主义的，主要看构成这个国家的社会形态、社会制度中的经济基础及其上层建筑，是以资本为中心，还是以人民为中心。

中国特色社会主义虽然允许私人资本的存在和发展，但它的基本经济制度是以公有制为主体、多种所有制经济共同发展，并不允许私有制占主体地位。习近平总书记指出："生产资料所有制是生产关系的核心，决定着社会的基本性质和发展方向。"

改革开放后，我国对《宪法》进行了多次修订，但是，"中华人民共和国的社会主义经济制度的基础是生产资料的社会主义公有制，即全民所有制和劳动群众集体所有制。""国有经济，即社会主义全民所有制经济，是国民经济中的主导力量，国家保障国有经济的巩固和发展。""矿藏、水流、森林、山岭、草原、荒地、滩涂等自然资源，都属于国家所有。""城市市区的土地属于国家所有外。""农村和城市郊区的土地，除由法律规定属于国家所有的以外，属于农民集体所有；宅基地和自留地、自留山，也属于农民集体所有。"等条款始终没有变。

可见，在我国对国民经济起主导作用的企业，以及土地矿藏等构成生产要素的主要资源，仍然牢牢掌握在国家和集体手中；凡是关系国民经济命脉的行业，如金融业、运输业、电信业、能源业等，也都由社会主义的国有企业合资或控股经营。正因如此，我国仍然由公有制占主体是毫无疑义的，私人资本在我国虽然取

得了很大发展并仍然有很大的发展空间，但不可能是经济主体。

党的十九届四中全会指出："公有制为主体、多种所有制经济共同发展，按劳分配为主体、多种分配形式并存，社会主义市场经济体制等社会主义基本经济制度，既体现了社会主义制度优越性，又同我国社会主义初级阶段社会生产力发展水平相适应，是党和人民的伟大创造。"

这一新的概括，标志着我国社会主义基本经济制度更加成熟、更加定型，推进全面深化改革、不断解放和发展社会生产力，前提是必须正确认识和理解社会主义基本经济制度的内涵和实质。

但也要看到，为了完善国有资产管理体制，我国自改革开放以来一直在不断深化国有企业改革，逐步推行公司制、股份制、混合所有制，按照现代企业制度的要求规范公司的股东会、董事会、监事会和经营管理者权责，尝试组建国有资本运营公司、投资公司，对国有资本控股经营的自然垄断行业实行政企分开、政资分开、特许经营、政府监督，等等。在这个过程中，由于缺乏经验，确实存在化公为私、化大公为小公等问题，导致国有资产流失的现象。

马克思曾经说：私有制是万恶之源，资本来到世间，从头到脚，每个毛孔都滴着血和肮脏的东西。

习近平总书记指出："国有企业是我们党执政兴国的重要支柱和依靠力量，工人阶级是我国的领导阶级，是我们执政最坚实可靠的阶级基础，是全面建成小康社会、坚持和发展中国特色社会主义主力军。把国有企业建设好，把工人阶级作用发挥好，对于巩固党的执政地位，巩固我国社会主义制度具有十分重要的意义。""如果把国有企业搞小了、搞垮了、搞没了，公有制主体地位、国有经济主导作用还怎么坚持？工人阶级领导地位还怎么坚持？共同富裕还怎么实现？我们党的执政基础和执政地位还怎么巩固？中国特色社会主义还怎么坚持和发展？"

我们的国有资产以及中国农民从地主手中拿来的资产，是中国革命的成果，是牺牲了几千万人包括几百万革命烈士的生命而换来的，这样的成果绝不允许丢掉，也绝不允许少数人用各种方式拿走，更不允许有些心怀叵测的人，打着改革的旗号侵吞国有资产。如果有人通过各种方式侵吞国有资产，必须绳之以法；如果国有资产流失，中国老百姓的幸福日子不可能实现。

发挥制度优势必须走实现共同富裕的道路。共同富裕是一条让老百姓都过上好日子，按劳分配为主体，没有贫富差距，没有剥削压迫，没有官商勾结、巧取豪夺、坑蒙拐骗发不义之财行为之路，是一条公平公正的幸福道路，是一条通往共产主义的光明之路，这条路是人民所期待所向往的，是党和国家为此奋斗的崇高目标。

中国是一个农业大国，解决共同富裕的关键是让农民富起来，如果农民走不上共同富裕道路，涉及中国特色社会主义这一根本制度能否有效巩固的根本问题。如果党在农村失去应有的经济基础，必然会失去广大农民的支持和拥护，党就不可能长期执政，中华民族伟大复兴就不可能实现。

事实说明，在相同的制度下，走什么样的发展道路，采取什么样的模式起着关键作用。

正如习近平总书记所指出的：中国特色社会主义是社会主义，那就是不论怎么改革、怎么开放，都要始终坚持中国特色社会主义的道路、理论体系和制度，包括在中国共产党领导下，坚持以经济建设为中心，坚持四项基本原则，坚持改革开放，坚持公有制为主体、多种所有制经济共同发展，逐步实现共同富裕。如果丢了社会主义公有制，这个国家就不成为社会主义了，这个国家就改变颜色了，人民就会受二茬苦了。

看家本领不能丢

看家本领不能丢

邓小平同志多次指出："思想政治工作无论过去、现在和将来，都是我们的真正优势。因为光靠物质条件，我们的革命和建设都不可能胜利。"他还指出："思想政治工作是从我们军队出来的，是我们军队的看家本领。"

"本领"二字的含义，是指一个人的技能和能力。什么是看家本领？《封神演义》是我国著名的神话小说，里面有一个人物叫土行孙。书中这样形容他："征西将士有奇才，缩地能令浊土开；劫寨偷营如掣电，飞书走檄若轰雷"。土行孙身高不过四尺，单凭武功并不算是一位高手，但是他会遁地术，能够遁地而走，往往出奇制胜，连神通广大的二郎神也曾被他捉住，奈何不了他。在这里遁地术就是土行孙的制胜法宝，是他的看家本领。还有《水浒传》里的一百零八位梁山好汉，个个身怀绝技、武功高强，各有制胜的招数，那就是他们的看家本领。

邓小平同志把思想政治工作说成是看家本领，是因为思想政治工作的威力巨大，它是制胜的法宝，是管根本、管方向、重中之重的工作，是关系到事业成败的关键，是共产党的"绝招"。

讲到思想政治工作是看家本领，有必要回顾一下思想政治工作这一概念的产生过程。早在 1847 年，马克思、恩格斯在创立世界上第一个国际性的无产阶级政党——共产主义者同盟时，就在同盟的《章程》中提出了宣传工作这一概念。刘少奇同志解释说，马克思所讲的宣传工作，实质上就是思想政治工作。1902年列宁创立布尔什维克党时，提出了政治工作和政治教育，与我们今天讲的思想政治工作更加接近了。1934年斯大林在联共（布）十七大总结报告中，提出了思想工作和宣传教育工作的概念，这都属于思想政治工作范畴。

我党的思想政治工作从建党初期就开始了，第一次使用思想政治工作这一概念的是周恩来同志，他在1925年6月黄埔军校的讲话中首次提出了军队的思想政治工作。在战争年代，我们主要用政治工作这一概念。新中国成立后，这一概念的使用发生了变化。

1951 年，刘少奇同志在全国宣传工作会议上提出了思想政治工作的命题，毛泽东同志认为这个提法比较科学，于是在《关于正确处理人民内部矛盾的问题》一文中，对这一提法作了进一步的阐述和肯定。虽然我们党的领导人多次提出思想政治工作这一概念，但在 20 世纪 50 年代，仍然存在政治工作、思想工作、思想政治工作、政治思想工作等交错使用或并用的情况。

1961 年 12 月，为了统一认识，解放军报社曾写过《关于在报纸上统一使用"思想政治工作"一词的报告》，当时担任军委秘书长的罗瑞卿批示过这个报告，表示认可。

党的十一届三中全会以后，思想政治工作成为政治工作领域的标准提法。从概念的演变过程来看，在不同时期，各种不同的提法在本质上没有大的区别，只是表述方式不同，都属于政治工作范畴，都是党的思想政治工作的体现。

对思想政治工作的内涵，在不同时期表述也不尽相同，现在通常用的是《思想政治工作大辞典》中的表述，即：思想政治工作是用共产主义及其思想体系宣传群众、教育群众，提高人的思想政治觉悟和认识世界、改造世界的能力，调动人们的积极性，为实现本阶级的利益而奋斗的工作，是政治工作的重要组成部分，主要由思想政治教育和经常性的思想工作组成。

在新的历史时期，我们党对思想政治工作在其地位、作用、内容、任务和方式方法等方面提出了一系列新的思想观点，这就需要我们用新的视野、新的观点，从不同的角度、不同的侧面、不同的对象来认识思想政治工作的地位和作用，把握思想政治工作的特点和规律，发挥思想政治工作应有的效能。

从思想政治工作的地位特征看，它是经济工作和其他一切工作的生命线。生命线一词就其词义而言，是指维系生存与发展的根本要素，就像人身上的血脉、神经那样，对人的整个肌体生存发展具有决定意义，是人的生命在任何时候、任何情况下都不可缺少的，人有之则存、失之则亡，把思想政治工作喻为生命线，是因为它关系各项事业的生命。

生命线这个词最早见于党中央 1932 年 7 月写给苏区中央局和闽赣省委的指示信，信中说：政治工作不是附带的，是红军的生命线。1934 年 2 月，红军在江西瑞金召开第一次全国政治工作会议，当时的红军政治部主任王稼祥在开幕词中说："政治工作是我们红军的生命线，一切战争中如果没有政治工作的保障，是不能胜利的。"当时的军委主席朱德、军委副主席周恩来，在会议的讲话中也指出"政治工作是红军的生命线"。后来，周恩来同志在《抗战政治纲领》一文中指出"革命的政治工作是民族革命的生命线"，将生命线的使用范围第一次从军队扩展到了地方，扩展到了革命的全局。

1955 年，毛泽东同志在《中国农村的社会主义高潮》一书按语中说"政治工作是一切经济工作的生命线"，又将生命线从军事领域扩展到了经济领域，从民族革命扩展到了经济建设。1981 年 6 月，党的十一届六中全会将"思想政治工作是经济工作和其他一切工作的生命线"的论断，写进了《关于建国以来党的若干历史问题的决议》中。从此，思想政治工作也就有了生命线这样一个科学、完整和规范的定位。把思想政治工作提到生命线这样一个高度，绝非主观臆断，而是从我党我军革命和建设实践中总结出来的科学结论，有着丰富的历史和实践依据。

从思想政治工作的基本规律看，它是一门综合应用科学。任何一门称得上科学的东西，都有其相对独立的理论形态，有其独特的实践意义，认识和理解思想政治工作的科学性，有助于加深对其地位作用的认识。

我们党自开始有思想政治工作，就注意了它的科学性问题，曾提出"要用科学的理论掌握劳苦大众""要使党内生活政治化、科学化"。抗日战争和解放战争时期，已形成了毛泽东思想政治工作的学说，只是当时还没来得及进行科学概括和总结。新中国成立后，第一个提出军队政治工作是一门科学的是总政治部副主任傅钟同志，他提出之后，没有组织专家学者做系统研究，因而没有形成体系。

在 1978 年至 1979 年之间，我国党建科学领域的资深学者、著名专家张蔚萍教授在给中央党校省委书记专修班讲课时，不少学员向他提出：新时期各门科学兴盛起来，思想政治工作算不算一门科学，希望能讲一讲，于是张蔚萍教授专门就这个问题讲了一课，后来又应邀到中央和北京市的一些机关讲了这个问题，并在北京《新时期》杂志发表了题为《思想政治工作为什么是一门科学》的理论文章。这篇文章从思想政治工作有自己特殊的研究对象和领域、有自己的理论基础、有自己的科学理论体系和规律、有自己的专业和具体业务四个方面作了系统阐述，文章屡经转载后，引起全国学术界、教育界、政工界的广泛讨论，《人民日报》《光明日报》等 10 多家中央级报刊发表了系列研讨文章，钱学森等科学界知名人士也参与了这场讨论，引起了党中央的关注。时任中共中央副主席的叶剑英元帅首先提出：军队思想政治工作是无产阶级军事科学的组成部分，是对马克思主义军事学说的运用与发展。

党的十一届六中全会把思想政治工作列为毛泽东思想科学理论体系的重要组成部分。1982 年 11 月，中央召开全国党员教育工作会议，时任中央书记处书记宋任穷同志在会议报告中指出："要逐步形成一种观念：思想政治工作、党员教育工作，这是一门科学，是治党治国的科学。"他的报告在《红旗》杂志上发表后，对统一思想起到了很大的作用。1983 年中央书记处明确提出了毛泽东思想关于思想政治工作的学说这个概念，同年，在邓小平亲自关注和题写刊名的《思想政治工作研究》杂志的创刊词中，又一次明确提出了思想政治工作是一门科学的概念，形成了统一认识。

作为思想政治工作概念，它的科学定位是：思想政治工作是一门有其独特的研究领域和对象，涉及多种学科、各种知识的综合性、应用性科学。思想政治工作自身是一个完备的理论体系，有科学的理论基础，有明确的方针原则，有特定的工作任务、工作对象、工作内容、工作形式，有专门的组成机构和工作队伍，由此构成了思想政治工作的有机整体，思想政治工作各组成部分之间相互联系、相互影响、相互作用。

思想政治工作主要是一种意识形态方面的工作，而意识形态又与人们的切身利益、情感愿望、主观意识、人际关系等密切相关，需要采用引导、诱导和疏导的正确方法，经历"从物质到精神，又从精神到物质；从实践到认识，又从认识到实践；从特殊到一般，又从一般到特殊；从群众中来，又到群众中去"这样一个循环往复的过程，才能达到激励人的热情，释放人的能量，满足人的需要，尊重人的权利，实现人的平等，维护人的尊严，开发人的智慧，最大限度地调动人的积极性和创造力的目的。如果思想政治工作不以一种严肃和严谨的科学精神、科学方法为基础，那就很容易变得情绪化、意向化、随意化，就会偏离科学的轨道而丧失其生命力。

毛泽东同志曾经说过："凡是要推翻一个政权，总要先造成舆论，总要先做意识形态方面的工作，革命阶级是这样，反革命阶级也是这样。"无数历史事实都证明了这一论点的正确性。

从思想政治工作的经济学观点看，它是一种特殊的生产活动。思想政治工作是人的精神和灵魂的生产活动，而人的精神和灵魂则制约人的生产能力，可以说是生产生产力的工作。具体来讲，思想政治工作的对象不是物而是人，是人力、是人心；也就是说，通过有目的的思想政治工作，使劳动对象适应社会生产力的需要。

思想政治工作这种劳动有其自身的特殊性和复杂性。从性质上讲，它既不是纯体力劳动，也不是纯脑力劳动，而是一种体力脑力兼有、物质投入与精神投入并用的综合性劳动；它既不是商品性物质劳动，也不是索取性交换劳动，而是一种精神性、奉献性的育人劳动，是一种高层次、高智力、高价值的创造性劳动。这种特殊性的生产劳动同其他生产劳动、经济活动一样，必须要计量投入和产生，要评价其效益，并遵循以最小的投入获得最大产出的原则，优化思想政治工作层面上的资源配置。

投入，在经济学的一般意义上指完成某种工作需要投入的要素，即劳动、资金、场所、知识、管理等，投入要素的耗费称为成本，而思想政治工作的投入，是指思想政治工作者在进行理论灌输、情绪疏导、行为引导和思想教育等活动中，所需要耗费的劳动、知识、信仰、智慧及相应的体力、物力，这些要素的投入耗费同样可视为成本，但思想政治工作的投入及成本是难以计量的。

比如，讲政治课，做人的思想工作，转变人的世界观、人生观、价值观，思想政治工作者首先要用许多时间和精力，学习马克思主义基本理论，弄懂党的路线、方针、政策，掌握心理学、伦理学、教育学、社会学等多种理论知识，摸清教育对象思想脉搏，还要学会以理服人、以情感人、以行带人、言传身教等各种方法途径，这些往往都是人们不易看到的艰辛和潜在性劳动。

从投入环节来讲，思想政治工作的针对性，有赖于领导调查研究的投入；思想政治工作的生动性，有赖于说理艺术的投入；思想政治工作的说服性，有赖于知识的投入；思想政治工作的人格性，有赖于示范和实践的投入；思想政治工作的创造性，有赖于探索和研究的投入；思想政治工作的复杂性，有赖于耐心和毅力的投入。这些投入包含着大量辛勤的劳动，舍得投入才会有产出、有效果，才会体现出思想政治工作的强大威力。

思想政治工作的对象，不是固定不变的，人有形形色色，其心理素质、文化知识、家庭出身各不相同，而且人的思想认识随着客观环境条件的变化而不断变化，决不能简单地认为上几次课、谈几次话、开几次会，就能立竿见影。所以说，做人的思想转化工作，更需要付出艰辛的劳动。

衡量思想政治工作的效果，必须运用辩证的思维方式，全方位、多角度地去考察、去评定，全面考量各种效果：既有近期效果，又有长远效果；既有外在效果，又有潜在效果；既有单一效果，又有综合效果。由于"物质变精神，精神变物质"不可能一次完成，而是一个循环反复的复杂过程，这就决定了投入和产出不是简单对应关系，往往是多方面的原因、一种结果，或是一种原因、多种结果。某一方面的工作做好了，可以从多方面获得效果；多方面开展工作，也可能集中在某个方面获得效果；也可能这个时期做的工作，下个时期见到效果。如一些单位进行爱国主义、集体主义、革命英雄主义教育，可能一时看不出效果，一旦发生环境变化，遇到急难险重任务，如抗洪抢险、抗震救灾、抗击疫情、救死扶伤等，就会出现见义勇为、舍己救人、助人为乐，一方有难、八方支援的感人景象，就能显示出良好的教育效果。

实践证明，既不能搞唯意志论，也不能搞庸俗唯物论，必须充分发挥思想政治工作的保证和推动作用，这是社会主义公有制体制的必然要求。我们要充分认识到，人是生产力诸要素中最活跃的因素，人的积极性的充分发挥，本身就是一种巨大的生产力。

从思想政治工作服务保障的功能看，它是推动社会变革的强大精神动力。随着我国改革开放的不断深化和社会主义市场经济体制的逐步完善，社会的方方面面都发生了深刻变化，社

会的经济成分和经济利益关系、社会生活方式、社会组织形式、就业方式出现了多样化。这些变化必然造成人的思想观念和价值取向呈现复杂多样的趋势，特别是在得失、利弊、优劣、荣辱、美丑、是非等问题的尺度把握上，产生一些迷茫和困惑。客观上需要广泛开展形式多样的思想政治工作，不断纠正人们的思想认识偏差，提高精神境界。毛泽东同志说得好："真理总是同谬误作斗争的过程中发展起来的。"这是一个客观存在的自然规律。

在新的历史变革时期，思想政治工作主要是为经济建设服务，为社会稳定服务，为服从大局服务，为调整各种利益矛盾服务。通过广泛深入地开展思想政治工作，不断促进人的全面发展、全面进步，进一步激发和释放人们的正能量，推动社会主义建设事业不断前进。

面对国家由传统社会向现代化社会转型发展的时期，经济、社会和文化全方位地出现多元化格局，人们的思想观念和价值取向呈现左右徘徊的倾向，传统的压力与现代的拉力造成不少人的思想趋向波动化和双重化，理想价值观念与现实生活矛盾的落差让一部分人深感迷惘；一些人评价事物、判断是非、决定取舍均注重把自己作为价值主体，一切以自我为核心，走向只讲个人利益、漠视群体利益和他人利益的极端个人主义；各种矛盾交织在一起，加剧了人们的焦躁情绪和思想无序，带来了精神、信仰危机，以致出现腐化堕落、贪污受贿、求神拜佛、道德沦丧、诚信缺失、信念动摇、家庭破裂等负面倾向，这就需要针对人们思想变化的新情况，进行富有成效的教育引导，使思想政治工作

真正做到思想上解惑、精神上解闷、文化上解渴、心理上解压，
这是新的时期思想政治工作面临的重要课题；要教育党员干部
自觉抵制腐朽思想文化和灯红酒绿生活的侵蚀，切实过好金钱
关、名利关、权力关、人情关、美色关，做一个高尚的人、纯粹的
人、有道德的人、脱离低级趣味的人。

随着国际政治格局的改变和我国对外开放的扩大，西方敌
对势力乘机对我进行思想渗透和破坏活动，特别在意识形态方
面对我实施和平演变。他们凭借强大的国力、军力和科技力量，
通过合法的与非法的、公开的与隐蔽的、政治的与经济的、军事
的与文化的多种渠道和手段，宣扬资产阶级政治观、价值观和生
活方式，企图达到对我实施"西化""分化"的目的。

长期以来，以美国为首的西方敌对势力，采用的手法是对我
国进行"文化攻心""文化倾销"，炮制一系列针对中国的"文化
侵略"计划，鼓吹在宣传上花一个美元，等于在国防上花五个美
元，他们尽一切可能进行负面宣传工作，包括电影、书籍、刊物、
电视、广播，让中国人的头脑集中于色情书籍、格调低下的音
乐、游戏，传播犯罪的电影以及宗教迷信，追求高消费的衣、食、
住、行和娱乐享受，在不知不觉中接受和认同西方的生活方式和
文化价值观念。

以美国为首的西方敌对势力还处心积虑地在中国内部培植
亲美的"第五纵队"，采取打进来、拉出去、安排留学、赠予资
金、发放绿卡、提供庇护、窝藏赃款等手段，在中国各界安插间
谍、培植代理人，并拿着这些人的犯罪证据和窝藏赃款逼其就
范。这些被美国收买的变节分子，利用一切可能的机会宣传美

国的民主自由，诋毁中国的政治制度。他们的行事准则是：美国的一切都是好的，中国的一切都是坏的。煽动中国内部矛盾，制造民族分裂，不断挑起事端，制造恐怖活动，破坏民族团结，将人民和政府的利益对立起来，鼓动民众借机闹事，给政府制造事端。历史教训一再证明，对中国最大的威胁从来不是来自外敌，而是内部阵营的冷枪。纵观中国历朝历代的每一次沦亡，无不是祸起萧墙，丧于自家人之手。思想政治工作必须时刻警惕国内亲美的"第五纵队"，采取一切雷霆手段，铲除潜伏在各个行业中的癌变毒瘤。

西方敌对势力的另一种方法是利用宗教进行渗透。当前世界各种宗教对我国产生较大影响，他们利用宗教电台进行反华政治宣传，大量偷运、邮寄宗教书籍和音像制品，以旅游观光等合法身份掩护派遣传教人员秘密传教，出资建立反政府的秘密宗教组织和地下教会，利用宗教煽动民族分裂。宗教作为一种文化现象，20 世纪 80 年代以来，中国出现了宗教热。这些年信教人数急剧增加，少数宗教教职人员干涉行政、司法和教育，违反政教分离原则；宗教界极少数人敌视社会主义，破坏民族团结和祖国统一，打着宗教信仰自由的旗号，进行反动政治活动；一些地方的邪教组织，通过恐吓、欺骗、煽动、许诺等方式蛊惑人心、残害人民。这就需要我们加强思想政治工作，及时有效地宣传贯彻党的宗教政策，依法加强宗教事务管理，教育引导宗教与社会主义社会相适应，对邪教严厉打击。

当今日益迅猛的网络大潮，改变了社会的生产、生活方式，打破了信息资源共享的时空局限，极大地促进了社会的繁荣与进步,同时也给社会安全稳定带来了新的挑战。来自公安部门的调查资料表明,近年来利用互联网实施犯罪的现象日益严重,网络犯罪已经成为不容忽视的犯罪动向。信息网络犯罪范围广泛,涉及政治、经济、军事、社会生活等各个领域;犯罪形式多样化,包括病毒入侵、盗用信用卡、敲诈,侵犯版权、隐私权,发布虚假广告、散布谣言,以及网上赌博、网上恐吓、网上恶作剧、网上迷信、网上色情、网上传播有害信息、网上人身攻击等方面。这就要求思想政治工作不仅要提高积极防御能力,而且要增强主动进攻能力;既要重视网络的"键对键",又要重视网络的规范管理;既要加强教育引导,又要坚持以法治网,打击网络犯罪。

网络时代给思想政治工作开辟了广阔的空间,也给思想政治工作带来了全方位的深刻的变革。思想政治工作者不能不懂网络,也不能远离网络,更不能无视网络,而是要了解和掌握网络,积极探索和研究信息化条件下思想政治工作的特点和规律,运用网络这一信息化载体传播真理、弘扬正能量、净化心灵,使思想政治工作走进一个新的理想境界。

在新的历史时期,思想政治工作既要坚持不懈地抓好党的路线、方针、政策教育,还要依据不同时期、不同环境、不同行业、不同群体、不同对象,创新拓展思想政治工作新内容、新方法、新手段,切实增强针对性和实效性。

思想政治工作要注重把握政治方向。在新的形势下,思想政治工作要紧紧围绕建设中国特色社会主义,以高度的思想自觉和行动,深刻领悟"两个确立"(一是确立习近平总书记党中

央的核心和全党的核心地位，二是确立习近平新时代中国特色
社会主义思想的指导地位）的决定性意义，切实增强"四个意
识"（政治意识、大局意识、核心意识、看齐意识），坚定"四个
自信"（道路自信、理论自信、制度自信、文化自信），做到"两
个维护"（坚决维护习近平总书记党中央的核心、全党的核心地
位，坚决维护党中央权威和集中统一领导），巩固党的团结统一，
保证党的路线、方针、政策的落实，这是党和国家的政治命脉，
是最根本的政治要求，是最高的政治原则，也是思想政治工作的
根本任务。要运用多种形式教育引导广大党员和人民群众，听
党话、跟党走，宣传党的主张，传播社会正能量，为实现中华民
族伟大复兴努力奋斗。

思想政治工作要注重知识灌输。现在是产品更新换代、知
识更新换代的时代，是终身教育、终身学习的时代。思想政治工
作要注重向教育对象进行马克思列宁主义、毛泽东思想宣传，灌
输先进文化和科学知识，引导人们树立终身学习观，多读书、多
求知，长本事、立大志。这是如何做人、如何做事的需要，是开
阔视野、增长智慧的需要。

思想政治工作要注重心理疏导。现代社会高速发展，社会
竞争异常激烈，人际关系日趋复杂，价值观念转变带来新旧意识
的碰撞，使现代社会呈现出快、新、变等矛盾复杂的时代特征，
随之而来的是人们面临的心理刺激大量增加，心理适应不良环
境和精神紧张空前加剧，精神疾病呈现世界性、时代性病象，在
遇到利与义、奖与惩、成长进步、就业分配、人际交往、婚姻恋
爱等问题困扰时，容易产生抑郁、虚荣、自卑、恐惧、逆反、嫉

妒、失落、怨恨、烦躁心理，导致出现心理障碍、心理失控，酿成不良后果。心病需用心药治，这就需要把心理疏导纳入思想政治工作的重要内容，运用心理科学解疑释惑，体现人文关怀，营造培育身心和谐和心理健康的氛围，从而实现个人与社会的良性互动和健康发展。

思想政治工作要注重培养审美情趣。大千世界，美无处不在，无时不有；爱美，是人的天性，是人性的基本需求。人们吃、穿、住、用无一不讲究美，美的魅力是巨大的。培养健康的审美情趣，提高审美能力，树立正确审美观，是思想政治工作的一项重要内容。培养健康的审美情趣，需要灌输审美知识，正确把握审美标准，划清美与丑的界限，认清什么是思想美、心灵美、行为美、仪表美、品德美、环境美、语言美、才智美。当然，对美的看法，不同的时代、不同的民族、不同的地域、不同的环境、不同的历史文化传统，存在着种种差异，这就需要引导人们从多方面、多角度、多渠道接受美的熏陶，以更高的境界去追求美、享受美。

思想政治工作要注重营造良好的人际环境。社会是什么？社会是人与人之间的交往，无论从事什么样的职业，都要同这个社会的人打交道。人与人之间的关系遍布社会的各个领域、各个场合、各个环节，谁都不可能超脱人与人之间关系的影响，必须在这种关系中谋求生存和发展、谋求事业成功。

人与人之间的关系构成了社会关系，主要包括亲属关系、同事关系、战友关系、朋友关系、夫妻关系、干群关系、领导与被领导关系。人际关系处理得好，社会就和谐，事业就发展，就出凝聚力，就出战斗力，就出生产力。怎样正确处理好人际关系，是思想政治工作一项重要内容。

人与人之间的交往范围极为广泛，交往方式多种多样，交往对象相对复杂，交往形式有时公开，有时隐蔽，交往动机是多元的，这就需要开展扎实有效的思想政治工作，教育引导人们在人际关系中遵循交往原则，区别交往对象，明确交往目的，懂得交往艺术，把握交往技巧，使交往沿着和谐健康的轨道前进。

思想政治工作要注重培养道德规范。道德是调整人与人、人与社会之间行为规范的总和，是人的立身之本。它以正义与邪恶、公正与偏私、诚实与狡诈等道德概念，来评价人们的各种行为和调整人们的关系，依靠并通过各种形式的教育和社会舆论的力量，使人们逐渐形成良好的道德规范信念、习惯、传统。

中国是一个道德文化历史悠久的国家，历来有崇德重德的传统，以礼仪之邦著称于世。中华民族的传统道德观念，经过几千年的文化积淀，集中表现在以下方面：（1）忠，国家利益至上，民族大业为重，对国家、对人民无限忠诚；（2）孝，孝敬双亲，尊师爱幼，知恩图报；（3）仁，真诚善良，宽厚待人，与人为善；（4）义，公平正义，侠肝义胆，刚正不阿；（5）礼，言行有度，举止得体，彬彬有礼；（6）和，和谐相处，礼让三先，谦让不争；（7）智，博学多识，析事明理，志存高远；（8）信，言必行，行必果，一诺千金；（9）俭，艰苦奋斗，勤俭持家，清廉静雅；（10）廉，重气节，戒私欲，守法度。这些传统美德作为评判道德是非的标准，已经得到广泛认可。

德是人之心、人之性、人之魂。道德无处不在，无时不在，它如同阳光、雨露、空气一样，须臾不可缺少。道德运用于每个人的行为，规范每个人的一生。古人把修身、齐家、治国、平天下紧密地联系在一起，说明道德修养不仅能培养人的品质，更是支撑一个国家、一个民族生生不息的坚强力量。因此，思想政治工作要把培养道德规范作为重要内容常抓不懈。

思想政治工作要注重正确运用物质利益原则。社会生活离不开物质利益，人们所做的每一件事，无论是大事、小事，公事、私事，无不受物质利益的驱动。革命又何尝不是如此？纵观古今中外，无论是法国第一次资产阶级革命，还是巴黎公社第一次无产阶级革命，乃至我国古代的陈胜、吴广揭竿而起，洪秀全领导的太平天国运动，都有极其深刻的经济根源。正如邓小平所说：革命是在物质利益的基础上产生的。如果没有一定的物质利益为基础，不会发生任何革命，也不会产生任何革命精神。可见，人们为之奋斗的一切，都与其物质利益密切相关。

改革开放40多年来，国家强大了，经济发展了，人民生活水平提高了，但物质条件的改善，并不意味着可以降低思想政治工作的格调，减弱思想政治工作的力度，不能以为有了物质利益就可以解决一切问题，更不能物质上去

了，精神下来了。何况，当今社会仍存在着许多差别，即贫富差别、城乡差别、行业差别等，这些差别带来人们心理上的不平衡，是一种新的社会矛盾。这就需要思想政治工作者教育引导人们如何正确认识自己的利益，如何看待利益的差别，如何解决和逐步缩小这种差别，如何处理好精神生活与物质生活的关系，如何处理好奉献与索取的关系，如何处理好眼前利益与长远利益、个人利益与国家利益的关系，如何通过各种政策手段解决好依靠劳动致富与不取不义之财的问题。

创新是思想政治工作永葆生机与活力的源泉。思想政治工作必须适应不断变化的新特点，在继承优良传统的基础上，紧跟时代发展步伐，按照习近平新时代中国特色社会主义思想的科学指引，坚持贴近实际，贴近生活，贴近群众，努力实现观念、内容、方式方法和机制的创新，以确保新形势下更好地发挥生命线作用。

观念决定方向，观念落后必然导致工作落后。观念创新是思想政治工作创新的前提，只有思想政治工作观念创新了，思想认识有了新飞跃，工作思路实现了新突破，思想政治工作的内容、方法、机制才能真正创新，才能开辟思想政治工作新天地。具体来讲，当今应强化以下四种观念。

一是"大政工"观念。要克服思想政治工作是党组织的事、政工部门的事，与其他组织、其他部门、其他团体、其他人员无关的片面认识。强化思想政治工作是全党全社会的共同责任，所有的党员和党的领导干部都要做、社会各界都要做的意识，充分调动各方面的积极性，逐步形成党委统一领导、党政群齐抓共管、有关部门各负其责、全社会积极参与的一体化格局。

二是知识观念。人的思想问题是无穷无尽的，需要我们将知识创新贯穿于思想政治工作的内容和目标之中，以马克思主义为指导，以人文关怀为主体，进一步整合社会学、心理学、历史学、公共管理学、经济学等学科知识，不断吸收人文社会科学的新成果，形成具有多学科支撑的思想政治工作知识创新体系，永葆思想政治工作鲜活的生命力。

三是服务观念。思想政治工作要为经济建设服务、为社会稳定服务、为大局服务、为管理服务，通过服务来发挥生命线作用。

四是科技观念。在科技迅猛发展的今天，要不断运用各种现代科技手段，改进思想政治工作的方式方法，切实把创新成果运用到思想政治工作实践中来。

思想政治工作在继承优良传统的基础上，紧跟时代发展步伐，贴近实际、贴近生活、贴近群众，在思想观念、工作内容、方式方法和机制上改革创新，不断拓宽工作渠道；适时运用媒体的力量教育人，情感的力量感化人，文化的力量熏陶人，红色故事的力量感召人，语言的力量启迪人，法规的力量规范人，榜样的力量激励人，道德的力量塑造人，反面的典型警示人，让思想政治工作之花绽放大地，让丰富多彩的文明之风吹进人们的心灵，为社会发展提供强大的精神动力。

思想政治工作有没有说服力，关键在于领导者形象有没有感召力。领导干部的形象、共产党员的形象不是小问题，直接关系到教育的效果。无论是战争年代，还是和平建设时期，党员干部的表率作用是强大的感召力和凝聚力。党员领导干部率先垂范就是无声的命令，说一千道一万，不如领导做个样子看。

中国古代哲学家荀子有句名言："口能言之，身能行之，国宝也；口不能言，身能行之，国器也；口能言之，身不能行，国用也；口言善，身行恶，国妖也；治国者要敬其宝，重其器，择其用，铲其妖。"荀子在这里特别提到一前一后两种人：一种是"口能言之，身能行之"，另一种人是"口善言，身行恶"。他称前一种人为"国宝"，后一种人为"国妖"，我们要特别警惕"口善言"而"身行恶"的"国妖"。

思想政治工作无论过去还是现在，始终是凝聚人心、鼓舞士气、振奋精神、激励斗志、化解矛盾、消除困惑的"杀手锏"，是我们战胜困难、争取胜利的"看家本领"，是中华民族的真正优势。

毛泽东同志在《工作方法六十条（草案）》中讲了这样一段话："政治和经济的统一，政治和技术的统一，这是毫无疑义的，年年如此，永远如此。这就是又红又专。将来政治这个词还是会有的，但是内容变了。不注意思想和政治，成天忙于事务，那会成为迷失方向的经济家和技术家，很危险。思想工作和政治工作，是完成经济工作和技术工作的保证，它们是为经济基础服务的。思想和政治又是统帅，是灵魂。只要我们的思想工作和政治工作稍为一放松，经济和技术工作就一定会走到邪路上去。"

历史经验证明，经济工作搞不好要出大问题；意识形态工作抓不好，也要出大问题。经济建设是中心工作，必须紧紧抓住不放，意识形态是管人的思想的，也不能丝毫放松。以经济建设为中心的同时，必须大力抓好党的意识形态和宣传思想工作，抓好全党全国人民的思想道德建设，抓好社会主义价值观建设，筑牢全党全国人民团结奋斗、夺取新时代中国特色社会主义新胜利的思想理论基础，不能一手软、一手硬，两手都要硬。

回顾历史也好，审视现实也好，展望未来也好，目的不是别的，就是要把思想政治工作的优势发挥出来，把思想政治工作是"重中之重"的观念树立起来，把思想政治工作是"首位意识"强化起来。

思想政治工作作为一项全局性的工作，作为一项管根本、管方向的工作，任何时候、任何情况下都要抓得紧、抓得实，不能有丝毫放松。不能把思想政治工作搞丢了，不能把思想政治工作的方向搞偏了，不能把思想政治工作的地位作用降低了，不能把思想政治工作的力度减弱了，而应真正让思想政治工作无人不做、无时不做、无处不做，确保思想政治工作覆盖到各个方面，不留空白，不留死角，不留盲区，从而使思想政治工作释放出巨大的效能。

习近平总书记把党员干部学习马克思主义作为"看家的本领"，看什么"家"呢？实际上就是"看"中国特色社会主义这个"家"，看不好这个"家"，就丢掉社会主义，所谓共产主义理想，中华民族伟大复兴，也就成了空中楼阁、海市蜃楼。看好这个"家"，就得有看家的本领，这本领就来自对思想政治工作的掌握。

毛泽东思想不能丢

毛泽东思想不能丢

在中国历史上，出现过许许多多的杰出人物，他们对中华民族的发展与进步都做出这样或那样的贡献。毛泽东是其中一位名垂千古、功勋盖世的历史巨人，是伟大的革命家、战略家、军事家、政治家、思想家，他把自己的一生都奉献给中国革命和建设事业，为中华民族和中国人民做出了巨大贡献。

一是创建了一个新中国——中华人民共和国。

毛泽东同他的战友们领导中国共产党和中国人民，经过长期艰苦卓绝的斗争，经历多次挫折和失败，克服千难万险，在危机时刻力挽狂澜、出奇制胜，挽救了革命、挽救了党，并最终夺取革命胜利，创立了新中国，使一个黑暗的旧中国，变成了一个光明的新中国；一个四分五裂、内乱不已、匪患不绝、民不聊生的旧中国，变成了一个空前统一和人民安居乐业、各民族和睦相处的新中国；一个饱受列强欺凌和宰割、被人称为"东亚病夫"的旧中国，变成了一个独立自主、屹立在世界东方的新中国；一个由地主、官僚、买办乃至洋人主宰的旧中国，变成了一个由人民当家作主的新中国。这些巨大而深刻的改变，得益于毛泽东对党、国家和人民做出的不可磨灭的历史贡献。正如邓小平所指出的："没有毛主席，至少我们中国人民还要在黑暗中摸索更长的时间。""没有毛主席就没有新中国。"

新中国的成立，不仅在中国近现代历史上是一个翻天覆地的大事件，在中国几千年的历史上也是一个划时代的大事件，它改变了中国一百多年来半殖民地半封建社会，推翻了帝国主义和封建主义的双重压迫和统治，废除了一百多年来帝国主义在中国的种种特权和延续几千年的封建土地制度，彻底结束了近代以来中华民族的屈辱历史。

新中国成立后，在毛泽东同志领导下，中国的经济建设、政治建设、民主制度建设、科学文化建设等方面取得了十分显著的成就，为以后改革开放的发展打下了重要而坚实的基础。

二是创建了一个先进的党——中国共产党。

近代以来，为了救国救民，改变旧中国的悲惨命运，无数仁人志士和各种政治力量，纷纷提出各自的救国主张，有改良的，也有比较激进的，但是都不灵，没有一个能够解决中国的问题，而以马克思列宁主义为指导思想的中国共产党一成立，情况就发生了根本变化，正如毛泽东所指出的：自从有了中国共产党，中国革命的面目就焕然一新了。

共产党刚成立的时候，只有几十名党员，就是这个很不成熟的党，经历了一个漫长曲折甚至痛苦的蜕变，有失败、有胜利，有前进、有后退，有弱小、有壮大，有正确、有错误，最终经过艰苦卓绝的斗争，不断总结成功经验和失败教训，使这个党逐渐成长成熟、发展壮大。

起决定性作用的是毛泽东，不只是因为他参加了中国共产党的创建，是党的创始人之一，更主要的是他根据马克思主义建党理论联系中国革命斗争的实际，形成了中国共产党一套完整的建党学说，提出了党的政治建设、组织建设、制度建设、思想建设、作风建设和廉政建设一系列重要原则和方针，使我们党从根本上区别于一切非无产阶级的政党，成为最先进、最有战斗力的党，这些基本原则和方针，在今天仍然是我们党所遵循的，并在新的历史条件下有所发展、有所创新。

三是创建了一支人民军队——中国人民解放军。

毛泽东是中国人民解放军的创建人之一。这支军队开始的时候很弱小，主要成分是农民，又带有旧式军队的影响。为建设和培育这支军队，毛泽东耗费了大半生的心血，从三湾改编决定党支部建在连上，到古田会议总结建军两年多来的经验并作出决议，明确红军是一个执行革命政治任务的武装集团，红军肃清了旧式军队的影响，完全建立在马克思主义基础之上，真正成为一支人民的军队。

此后，经过抗日战争、人民解放战争的总结提炼，毛泽东的建军思想不断发展完善，形成了一系列重要建军理论：三大纪律、八项注意；官兵一致、军民一致、瓦解敌军的政治工作的基本原则；"三八"作风；在军队内部实行政治、经济、军事三大民主；军队既是战斗队，又是工作队、生产队。全国解放后，毛泽东又提出实现军队革命化、正规化、现代化的方针原则。

把毛泽东同志关于中国人民解放军的建军思想综合起来，可以归纳为这样几条：（一）坚持党对军队的绝对领导；（二）全心全意为人民服务是军队的唯一宗旨；（三）政治工作是军队的生命线；（四）军队必须执行严格的纪律和发扬勇敢战斗、不怕牺牲、不怕疲劳和连续作战的优良作风;（五）军队要实现革命化、正规化和现代化。

在毛泽东建军思想指导和培育下，在毛泽东亲自领导和指挥下，中国人民解放军由小到大、由弱到强，经过长期艰苦卓绝的斗争，战胜了比自己强大得多的国内外敌人，解放了全中国，是一支听党指挥，与人民血肉相连、纪律严明、英勇善战的军队。

新中国成立以后，人民解放军的职能任务、组织形式等都发生了很大变化，军队建设由低级阶段向高级阶段发展，由单一兵种发展成为多军兵种组成的现代化军队，担负着保卫国家安全、保卫国家主权和领土完整、保障人民和平幸福生活的神圣使命，是巩固人民民主专政的主要工具。毛泽东同志深刻指出：没有人民军队，就没有政权；没有人民军队，就没有独立；没有人民军队，就没有自由；没有人民军队，谁同你讲平等。总之，没有一支人民的军队，便没有人民的一切。

习近平总书记在纪念毛泽东同志诞辰 120 周年座谈会上指出："在为中国人民不懈奋斗的光辉一生中，毛泽东表现出一个伟大革命领袖高瞻远瞩的政治远见、坚定不移的革命信念、勇于开拓的非凡魅力、炉火纯青的斗争艺术、杰出高超的领导才能。他思想博大深邃、胸怀坦荡宽广，文韬武略兼备、领导艺术高超，心系人民群众、终生艰苦奋斗，为中华民族和中国人民建立了不朽功勋。"

毛泽东的三大历史功绩，来自于他创立的一个科学理论——毛泽东思想。新中国是在这个理论指导下创建和发展起来的，中国共产党是在这个理论指导下成熟和壮大起来的，中国人民解放军是在这个理论武装下发展和强大起来的。没有毛泽东思想，就没有这一切。

毛泽东思想博大精深，是一个完整的、内容极其丰富的科学体系。1981年党的十一届六中全会通过的《关于建国以来党的若干历史问题的决议》中对毛泽东思想的独创性理论内容作了新的概括：包括党在民主革命与社会主义改造和建设时期正确的基本理论和基本政策；体现武装斗争、统一战线和党的建设的宝贵经验；贯通哲学、政治经济学、科学社会主义等科学领域，涉及政治、经济、文化、民族、科技、党建和国际问题等诸多内容；涵盖治党治国治军及内政外交国防各个方面，创造性地回答了在中国如何革命，如何夺取革命胜利和实现革命转变，走向社会主义道路的一系列根本问题。中国共产党在马克思主义指导

下,揭示了中国社会发展规律和革命发展规律,开辟了马克思主义新境界。中国特色社会主义理论体系的很多创新理论,都是对毛泽东思想的继承和发展。毛泽东思想无论过去、现在,还是将来,都是党必须坚持的指导思想。

毛泽东思想作为一个科学概念提出来,有一个酝酿过程。毛泽东思想这一概念之所以产生,是因为作为马克思列宁主义在中国革命实践中的运用和发展的毛泽东思想在事实上已经存在。党的十一届六中全会通过《关于建国以来党的若干历史问题的决议》指出:毛泽东思想是 20 世纪 20 年代后期和 30 年代前期在同把马克思主义教条化、把共产国际的决议和苏联的经验神圣化的错误倾向斗争过程中,在深刻总结中国革命实践的一系列经验的过程中,逐步形成和发展起来的,在土地革命战争后期和抗日战争时期得到系统总结和多方面的展开而达到成熟。

1938 年 10 月,在党的六届六中全会上,毛泽东同志就提出了马克思主义的中国化问题。他在向全会作报告时指出:马克思、恩格斯、列宁、斯大林的理论,是放之四海而皆准的理论,不应当把他们的理论当作教条看待,而应当看作行动的指南。对于中国共产党来说,就是要学会把马克思列宁主义的理论应用于中国的具体环境,按照中国的特点去应用它,成为全党亟待了解并亟须解决的问题。

1939 年 10 月,毛泽东同志在《〈共产党人〉发刊词》中,第一次完整地提出马克思列宁主义的理论和中国革命的实践之统一这个思想原则。

遵循马列主义理论和中国革命实践相结合的原则,毛泽东同志写了一系列著作，从政治、军事、经济、思想、文化、哲学等方面，对中国革命经验作出了系统的理论概括和总结。

1941 年 3 月，党的理论工作者张如心在《共产党人》杂志上发表的《论布尔什维克的教育家》一文中，使用了毛泽东同志思想这一提法，并指出毛泽东同志的言论著作是马克思列宁主义理论与中国革命实践结合典型的结晶体。

1941 年 8 月，党的理论工作者艾思奇在《中国文化》等刊物上发表文章，提出毛泽东同志的著作是马克思列宁主义中国化的辉煌的范例、典型著作。

1941 年 9 月、10 月间，中共中央政治局扩大会议详尽地检讨过去的路线问题，与会同志对毛泽东和他的思想理论作了高度评价。陈云同志说："毛主席是中国革命的旗帜。"罗迈（李维汉）同志说："毛主席——创造的马克思主义者之模范、典型。"王稼祥同志说："中国共产党、毛主席代表了唯物辩证法。"叶剑英说："毛主席由实践到理论，这是我们应该学习的。"

1942 年 7 月 1 日，朱德同志发表在《解放日报》上的《纪念党的二十一周年》的文章中提出，我们党已经创造了指导中国革命的中国化的马列主义理论。他说："今天我们党已经积累了丰富的斗争经验，正确地掌握了马列主义的理论。""我们党已经有了自己的最英明的领袖毛泽东同志，他真正精通了马列主义的理论，并且善于把这种理论运用来指导中国革命步步走向胜利。"

1943 年 7 月 4 日，刘少奇同志为纪念建党 22 周年写的《清算党内的孟什维主义思想》一文，论述了毛泽东同志及其思想在中国革命历史中地位作用。他使用了"毛泽东同志思想"和"毛泽东同志思想体系"这两个概念。

1943年7月5日，王稼祥同志为纪念建党22周年而写的《中国共产党与中国民族解放的道路》一文，首次提出"毛泽东思想"这个概念。他在文章中指出：中国民族解放整个过程中——过去、现在与未来的正确道路，就是毛泽东同志的思想，就是毛泽东同志在其著作中与实践中所指出的道路。毛泽东思想就是中国的马克思列宁主义，中国的布尔什维克主义，中国的共产主义。以毛泽东思想为代表的中国共产主义，它是创造的马克思列宁主义，它是马克思列宁主义在中国的发展。他还指出：毛泽东思想是马克思列宁主义与中国革命运动实践经验相结合的结果。

1943年7月16日，周恩来同志从重庆回到延安。他在8月

2 日欢迎会上演说中，提出毛泽东同志的方向就是中国共产党的方向。他说：我们党二十二年的历史证明：毛泽东同志的意见，是贯穿着整个党的历史时期，发展成为一条马克思列宁主义中国化，也就是中国共产主义的路线；毛泽东同志的方向就是中国共产党的方向。

1945 年 3 月 15 日，党的六届七中全会上，邓小平同志第一次在关于形势问题的报告里，提出每个党员要更加学习马列主义与毛泽东思想，首次将马列主义与毛泽东思想并提。

1945 年 6 月，党的七大通过的党章正式规定："中国共产党，以马克思列宁主义的理论与中国革命的实践统一的思想——毛泽东思想，作为自己一切工作的指针。"

1945 年 6 月，刘少奇同志在党的七大关于修改党章的报告中，对毛泽东思想作了科学的概括和全面的论述。他说："毛泽东思想，就是马克思列宁主义的理论与中国革命的实践之统一的思想，就是中国的共产主义，中国的马克思主义。""毛泽东思想就是马克思主义在目前时代的殖民地、半殖民地、半封建国家民族民主革命中的继续发展，就是马克思主义民族化的优秀典型。它是从中华民族与中国人民长期革命斗争中生长和发展起来的。它是中国的东西，又是完全马克思主义的东西。""毛泽东思想是我们党的唯一正确的指导思想，唯一正确的总路线，""是中国人民完整的革命建国理论。""这些理论表现在毛泽东的各种著作以及党的许多文献上。这就是毛泽东同志关于现代世界情况及中国国情的分析，关于新民主主义的理论和政策，关于解放农民的理论与政策，关于革命统一战线的理论与政策，关于革命战争的理论与政策，关于革命根据地的理论与政策，关于建设新民主主义共和国的理论与政策，关于建设党的理论与政策，关于文化的理论与政策。"

毛泽东思想在党的七大正式提出之前，在共产党内已经有了较长时间的酝酿，至少有四五年之久，许多领导同志和党内理论工作者对这一问题从不同的角度和深度上作过阐述。在酝酿过程中，开始的提法是"毛泽东同志的思想""毛泽东同志的思想体系"，以后又有"毛泽东思想""毛主席的中国化的马列主义的思想"等提法，直到七大毛泽东思想才正式作为一个科学概念，作为党的指导思想被确定下来，并且写进了党章。

毛泽东同志最伟大的历史功绩是把产生于欧洲的先进科学理论马克思列宁主义，创造性地运用到中国这个农民占人口绝大多数、经济文化落后的东方大国，紧密结合中国实际，并汲取中华文明之精华，创立了毛泽东思想，培育了马克思主义中国化道路上的第一个丰硕成果。

这个理论生长在中国这片土地上并深深扎根在这片土地上，它具有颠扑不破的真理性特征，具有彻底性、深刻性、严密性、实践性等特点，具有很强的说服力，又体现了新鲜活泼且为中国老百姓所喜闻乐见的中国作风和中国气派。这个理论培养了一代又一代中国共产党人，唤醒、教育和动员了亿万人民群众，凝聚和形成了排山倒海般改造和建设中国的巨大精神力量。

中国历史上有秦皇汉武、唐宗宋祖和一代天骄成吉思汗等风流人物，但以文治武功论，毛泽东当之无愧地走在这些历史人物的前列，如果涉及思想和精神领域的成就，毛泽东则可称为

"千古一人"。毛泽东同志万余篇、两千多万字卷帙浩繁的著述，震古烁今。毛泽东同志创建的历史功绩改变了中国近代历史发展方向，实现了中国由弱到强、由衰到盛的伟大转折，为中华民族的复兴奠定了基础、提供了保障。他的思想不仅铸造了中国共产党的党魂、人民军队的军魂、新中国的国魂，重塑了中华民族之魂，而且创立了一整套马克思主义中国话语体系，夺取和掌握了时代的话语权。

毛泽东思想是指导中国革命胜利的一面旗帜，是治党治国治军的法宝，已经成为中国人民崇尚的世界观、人生观和价值观，成为党和人民想问题、办事情的立场、观点和方法，成为战胜困难、勇往直前的精神力量，成为与强大对手较量的强大思想武器。

任何一种科学理论都是从实践中来的，是对实践经验的总结和概括，而不是凭空想出来的，毛泽东思想的形成也是如此。正如毛泽东自己所讲："我写的文章就是反映这几十年斗争的过程，是人民革命斗争的产物，不是凭自己的脑子空想出来的。先有人民的革命斗争，然后反映在我们这些人的脑子里。既然有了革命斗争，就产生要采取什么政策、策略、理论、战略战术问题，栽跟头，遭到失败，受过压迫，这才懂得并能够写出东西来。"他说："从1921年到1935年遵义会议，经过14年的时间，才结束了多次错误路线对全党的统治；经过延安整风，我们党才觉悟起来。""我们才逐步学会如何处理党内关系，如何处理党跟非党人员的关系，如何搞统一战线，如何搞群众路线，等等。比如我的那些文章，不经过北伐战争、土地革命战争和抗日战

争，是不可能写出来的，因为没有经验。"毛泽东讲到那篇著名
文章《中国革命战争的战略问题》时说："没有那些胜利和失败，
不经过第五次反'围剿'的失败，不经过万里长征，我那个《中
国革命的战略问题》小册子也不可能写出来。这就是说，一种科
学理论是长期实践经验的积累，包括正面的和反面的，才能产生
出来。"这是毛泽东切身经验之谈，对于我们进行理论创新有很
大的启发意义。

毛泽东思想集中展现在中共中央文献研究室主编的《毛泽
东选集》《毛泽东文集》《毛泽东传》《毛泽东年谱》《建国以来
毛泽东文稿》《建国以来毛泽东文献选编》，以及《毛泽东读书笔
记精神》《毛泽东诗词》等著作中。如《湖南农民运动考察报告》
《中国社会各阶级的分析》《井冈山的斗争》《星星之火，可以燎
原》《中国革命战争的战略问题》《实践论》《矛盾论》《论持久
战》《中国革命和中国共产党》《新民主主义论》《党委会工作方
法》《丢掉幻想，准备斗争》《论十大关系》等文章，都是毛泽东
思想的经典著作。

毛泽东思想宝库里不只有阶级斗争，也有人性修养；不只
有军事谋略，也有诗词歌赋；不只有建党学说，也有宗教见识；
不只有宏观策略，也有微观指导方法；不只有建军宗旨，也有
建军原则；不仅有五湖四海，也有海纳百川。毛泽东一生笃学
嗜学、手不释卷，而且古为今用、洋为中用，紧密联系党和国家
发展实际，举一反三、推陈出新。一部《毛泽东选集》就是一部
党史、军史、战史、民族解放史，鸿篇巨制，思维层次精深，高
瞻远瞩之境界，是共产党人取之不竭的知识源泉、用之不尽的

智慧之精华。

据说人类历史上的伟人有两种：一种是传教的，一种是做事的。传教的就是建立一个学说，一种思想体系和信仰体系，流传万世，像中国的孔子、老子等，外国的像释迦牟尼、耶稣等；还有一种是做事的，像秦皇、汉武、唐宗、宋祖、成吉思汗，像外国的华盛顿、拿破仑等都是历史巨人。在各自的历史时期，在人类历史上都可称为巨人。

纵观人类历史上的伟人都有一个特点，那就是传教的做不了事业，做事业的传不了教。然而，毛泽东则不同，他既是做伟大事业的伟人，又是创立学说和思想体系的伟人。他做事，改变了中国和世界；他传"教"，留下博大精深、战无不胜的毛泽东思想。

马克思、列宁创造了马列主义，成为世界理论大师，在理论上可谓做到了极致，但他们在实践方面没有一个比得上毛泽东。作为世界领袖，毛泽东领导世界上最大的政党、最大的国家几十

年，实际处理的事务包括了人类社会涉及的诸多方面，他的理论体系——毛泽东思想，具有接地气的科学性。

真正的理论在世界上只有一种，就是从客观实际中总结出来，又在客观实际中得到了证明的理论。这就是我们看到的现象，中国革命的旗帜上写着马列主义，中国革命的胜利靠的却是毛泽东思想。黄克诚大将说："毛主席根据马列主义的基本原理领导并总结了中国革命的实践，写了一系列的著作，产生了毛泽东思想，成为中国共产党人的精神武器，我们感到它对于我们更亲切、更行之有效。"

毛泽东思想是中国共产党和中国人民的精神财富，丢掉了毛泽东思想，中国特色社会主义理论体系就成了无源之水、无本之木；丢掉了毛泽东思想，就否定了共产党的成功经验，就否定了先辈们为革命付出鲜血和生命的巨大代价；丢掉了毛泽东思

想，就会造成党和人民的思想混乱，我们的社会主义国家就可能变质，子孙后代就会受罪。

美国前国务卿基辛格说，他在大学教书时，曾经指定他班上的学生研读毛泽东著作。美国前总统尼克松说，毛主席的著作推动了一个民族，改变了整个世界。毛泽东思想是人类的精神财富，将为人类指引光明。

伟人之所以成为伟人，就在于别人看不到、看不清事情的本质，找不到解决方法的时候，他能够看到，能看清楚本质，并且找出解决问题的办法来。

周恩来同志曾对薄一波同志说："毛主席下决心要做的事，你可以表示弃权，但不要轻易表示反对。在历史上，有几次，我曾认为主席的决策不对，表示反对，但过一段时间都证明主席的决策是对的。以后我就谨慎了，不轻易表示反对了。但后来又有一次，我确信主席错了，我坚决表示反对，但在以后的实践中却又证明主席是对的。"

周恩来同志还说："让红军走出死亡之谷是因为听了毛主席的话，而不是因为听了什么集体智慧。是因为有了毛泽东思想，才使集体有了智慧。中国领袖没有哪个人都无所谓，但没有毛主席，革命胜利早着呢。每当革命危机时刻，都是毛主席的思想和路线挽救了革命挽救了党，而不是什么集体智慧挽救了革命挽救了党。"

朱德同志说："我们确确实实常和毛主席争论，毛主席高瞻远瞩，料事如神，那时候，尤其是在井冈山，我们常认为毛主席不对的时候，就与毛主席争论，就要反对毛主席的意见，但是往往在事后证明是我们错了。"

叶剑英同志说："毛、刘、周、朱、陈、林、邓中除了毛主席的后六位，还有各位老师等其他人，我叶剑英也算一个，从一定意义上讲，哪一个都不是省油的灯，让我们从心里佩服一个人不容易，但是在长期的中国革命斗争中，大家逐渐认识了毛主席。别人也都当过头，掌过舵，但都不行。只有毛主席，把我们这些人拢起来，干成了建立新中国并开始建设社会主义这件事。"

王震同志在逝世前曾告诫后人两句话：一、毛主席至少比我们早看 50 年；二、丢了毛泽东思想，丢了公有制，马克思主义者受难的时刻就到了。

陈云同志在改革开放十周年座谈会上讲过一句话："中国离开了毛泽东思想和社会主义，必将亡党亡国。"

黄克诚同志说："毛主席缔造了党和国家，根据马列主义的基本原理，结合中国革命实践，创立了毛泽东思想，这是我们的财富，今天还要靠毛泽东思想，丢了就有危险。""丢掉毛泽东思想，造成党和人民的思想混乱，我们的社会主义国家就可能变质，子孙后代就会受罪。不能不看到这个危险！"

科学巨匠钱学森说："如果中国丢掉了毛泽东思想和公有制，中国就完蛋了。"

这些年，一些别有用心的人妄图要丢掉毛泽东思想这面旗帜，污蔑、诋毁、歪曲、否定毛泽东思想，这是很危险的，是要吃大亏的，中国人民是不会答应的，其结果是会碰得头破血流的。

我们设想一下，如果丢掉了毛泽东思想，拿什么东西来代替呢？在中国历史上，孔夫子的思想占统治地位长达二千年之久。

再就是孙中山先生的三民主义思想，对中国民主革命起过积极作用。但是，这些思想同马列主义、毛泽东思想相比，则是不能同日而语的。现代中国历史证明，只有马列主义才能救中国，也只有将马列主义与中国实际相结合，才能解决中国的问题，才产生了毛泽东思想，成为中国共产党人战无不胜的武器。

李敖先生说："毛泽东和他那辈人奋斗了一辈子，留下来的宝贵财富就是毛泽东思想，要是在我们这辈人手上丢了，那最终也许我们将一无所有。"他还说："中华民族五千年的历史上，第一位巨人毫无疑问是毛泽东。""毛泽东的精神给了吾民族以灵魂，毛泽东精神就是我们民族的精神。"

"有天安门在，就有毛泽东在。"这是一位著名作家说的话，可谓深刻、高远。的确是这样，年年月月天天，不论白天黑夜，天安门城楼的毛泽东像以他那睿智的眼睛注视着新中国的人民和远道而来的朋友，到这里参观游览的人，无一不在天安门城楼前留影，毛泽东就这样永远定格在了每幅照片中，说明毛泽东的

光辉形象和他的思想已经深深地融入中华大地，不管是过去、现在，还是将来。

习近平总书记指出："在革命和建设长期实践中，以毛泽东同志为主要代表的中国共产党人，根据马克思列宁主义基本原理，形成了适合中国情况的科学指导思想，这就是毛泽东思想。毛泽东思想以独创性理论丰富和发展了马克思列宁主义。毛泽东思想教育了几代共产党人，它培养的大批骨干，不仅在新民主主义革命、社会主义革命、社会主义建设时期发挥了重要作用，也为新的历史时期开创和建设中国特色社会主义发挥了重要作用。"他还说："毛泽东同志属于中国，也属于世界。他不仅赢得了全党全国各族人民爱戴和敬仰，而且赢得了世界上一切向往进步人们的敬佩。毛泽东同志的革命实践和光辉业绩已经载于中华民族史册。他的名字、他的思想、他的风范将永远鼓舞我们

继续前进。""马克思列宁主义、毛泽东思想一定不能丢，丢了就丧失根本。"

邓小平同志说："毛泽东思想这个旗帜丢不得，丢掉了，实际上就否定了我们党的光辉历史，任何时候都不能动摇高举毛泽东思想旗帜的原则，我们将永远高举毛泽东思想的旗帜前进。"

没有革命的理论，便没有革命的运动。

一个伟大的民族，必定依赖一种伟大的精神、伟大的思想；有了这种伟大精神、伟大思想，才能立于不败之地。

毛泽东的伟大思想是党魂、国魂、军魂、民族之魂。

毛泽东的伟大思想是建设中国特色社会主义的理论基础。

毛泽东的伟大思想是实现中华民族伟大复兴的精神支柱、强国富民之道。

毛泽东的伟大思想是保证党不变质、国不变色的定海神针。

毛泽东的伟大思想是威慑、遏制、战胜一切邪恶的强大精神武器。

弘扬毛泽东思想就是弘扬真理、公平、正义。用毛泽东伟大思想武装起来的14亿中国人民是不可战胜的，永远立于不败之地。

作为中华儿女，应毫不动摇地担当起弘扬、传承、捍卫毛泽东思想的时代重任，让毛泽东思想这面伟大旗帜在中华大地上永远飘扬。

结束语

　　"五个不能丢"是中华民族独有的精神特质，是维系民族生存发展的纽带，是传承民族血脉、赓续民族基因的必然要求，是中国共产党百年奋斗成功的"秘诀"、最大的"底气"，是支撑社会主义大厦的支柱，是战胜一切强大敌人的法宝。中华儿女只要坚持"五个不能丢"，中华民族就能永远立于不败之地，永远屹立在世界民族之林。

　　雄关漫道真如铁，而今迈步从头越。

　　数风流人物还看今朝。